EL MUNDO QUE PERECIÓ

EL MUNDO QUE PERECIÓ

Una introducción al catastrofismo bíblico

JOHN C. WHITCOMB

Whitcomb Ministries

Fotografías:
Museo Norteamericano de Historia Natural: 29 (sup.), 75, 89
Steven A. Austin: 101
George F. Howe: 131
H. Armstrong Roberts: 21, 25, 29, (inf.), 37, 43, 55, 67, 69, 81, 84-85, 97, 107, 121
Sigurdur Thorarinsson: 137
U.S. National Park Service: 111 (2)

Traducción: Dante N. Rosso
Diseño de la portada: Gary Eldridge

Publicado por: Whitcomb Ministries, Inc.
10203 Coral Reef Way
Indianapolis, IN 46256
www.whitcombministries.org
Órdenes llaman: (317) 250-5469

ISBN -13: 978-0692373941 (Whitcomb Ministries)

Printed in the United States of America.

A la memoria de **Donald B. Fullerton**
Litt.B., D.D. (1892-1985)
Misionero a la India y Afganistán, 1927-1929
Misionero a estudiantes en Estados Unidos, 1931-1981
Misionero que Dios envió a mí en la
Universidad de Princeton, 1942-1943, 1946-1948

Contenido

Lista de ilustraciones 9
Prólogo 11
Prefacio 13
Reconocimientos 15

1. Dios destruyó el mundo—sobrenaturalmente 17
   El diseño del Arca 19
   La agrupación y el cuidado de los animales 24
   La elevación de las aguas oceánicas 33
   La descarga de las aguas de arriba 33
   La formación de las cuencas oceánicas actuales 35
   La formación de las cadenas de montañas actuales 39
   Conclusión 41

2. El Diluvio destruyó el mundo entero 45
   La profundidad del Diluvio 45
   La duración del Diluvio 46
   La necesidad de un arca 47
   La destrucción total de una raza humana ampliamente diseminada 53
   El testimonio del apóstol Pedro 56
   El problema de los términos universales 58
   Conclusión 62

3. Los efectos del Diluvio pueden verse en la actualidad 63
   El Diluvio y los procesos naturales 63
   El poder destructor de las aguas en movimiento 65
   Los efectos estratigráficos del Diluvio 66
   La formación de lechos de fósiles 72
   Los fenómenos catastróficos en la geología 80
   Conclusión 86

4. La cuestion básica: *¿Es la Biblia verdaderamente la Palabra de Dios?* 91

Catastrofismo bíblico versus uniformismo 98
¿Son los geólogos superiores a las Escrituras? 103
Un geólogo holandés contra *El Diluvio del Génesis* 108
Henry M. Morris contesta a J. R. van de Fliert 117
"Habla a la tierra, y ella te enseñará" 122
¿Quién movió la piedra? 122
"Grandes piedras del cielo" 124
Milagros geológicos en el desierto 125
La destrucción de Sodoma y Gomorra 125
Teólogos y científicos 126
Conclusión 133

Resumen 135

Bibliografía 141

Notas 147

Indice de nombres propios y temas 170

Indice de textos bíblicos 175

Lista de Ilustraciones

El Arca de Noé comparada con los barcos modernos 21
Los canguros y el Arca de Noé 25
"Dinosaurios" de Indonesia y de América 29
La línea de pleamar del océano: Un lindero perpetuo 37
Montañas elevadas desde el Diluvio 43
El océano: El instrumento de Dios para el juicio global 55
La potencia destructora de las crecidas fluviales 67
El Gran Cañón del Colorado 69
Mamutes congelados 74
La línea costera de la Antártica 79
Grandes depósitos de carbón 81
Montañas que estallaron desde el Diluvio 84-85
Nace un volcán 89
El uniformismo y la candela encendida 97
El monte St. Helens y el catastrofismo 101
Troncos petrificados 107
Estalactitas y estalagmitas debajo del monumento
a Abraham Lincoln 111
La rápida formación de yacimientos petrolíferos 121
Un murciélago en una estalagmita en las cavernas de Carlsbad 131
La línea de pleamar de la isla Surtsey 137

Prólogo

Hemos estado viviendo en una epoca de profundo escepticismo. Un siglo de filosofía evolucionista que, con su gérmen de naturalismo y ateísmo, ha producido los amargos frutos de la violencia, el amoralismo y la desesperación.

Sin embargo, aun en una época como esta, Dios "no se dejó a sí mismo sin testimonio, haciendo bien, dándonos lluvias del cielo y tiempos fructíferos, llenando de sustento y alegría nuestros corazones" (Hechos 14:17).

También hay otro testigo silencioso pero elocuente de las rocas mismas de la corteza terrestre. En cada país, en la tierra debajo de nuestros pies, y en las colinas y valles por los cuales viajamos reposa un vasto cementerio. Allí yacen los huesos y carapachos, los dientes y rastros de incontables animales, junto con los restos comprimidos y carbonizados de bosques inmensos que una vez llenaban un mundo hermoso. Aquí y allá, desparramados en todas las rocas, se pueden encontrar artefactos u otras evidencias fósiles hasta de la vida humana de hace mucho tiempo. La especulación moderna se las ha arreglado para tergiversar el testimonio de este cementerio sedimentario para que parezca un registro ficticio del lento desarrollo evolutivo a lo largo de miles de millones de años de historia terrestre imaginaria. Esta extraña idea por cierto ha llegado a ser aceptada y enseñada hoy como hecho científico en la mayoría de las instituciones educativas del mundo entero.

Sin embargo, los fósiles hablan de muerte—no desarrollo. Su testimonio es uno de extinción—no evolución. El Dios que creó todas las cosas es un Dios de poder así como de misericordia. No necesita ni habría usado los principios de sufrimiento y muerte (especialmente la muerte violenta y en masa implícita en este testimonio fósil) como implementos de creación.

Los fósiles hablan de muerte, y la muerte habla de pecado y juicio, no de creación y desarrollo. Cuando se lo interpreta correctamente, ya sea teológica o científicamente, este testimonio mundial en la tierra misma testifica de un Creador soberano que controla y juzga su creación. En vez de un progreso evolutivo durante muchos siglos, estas piedras anuncian a voz en cuello acerca de una terminación judicial de una era.

Este libro breve pero incisivo por John C. Whitcomb, expone con sonido inconfundible la crónica bíblica de esa gran convulsión hidrodinámica con la cual Dios juzgó la maldad del mundo antediluviano. Cualquiera sean los problemas geológicos que puedan sugerirse, ya no puede haber ninguna duda de que, si la Palabra de Dios es cierta, el Diluvio de Génesis fue un juicio cataclísmico que cubrió el mundo entero y fue impuesto por la poderosa mano de Dios.

Por lo tanto Dios tampoco se ha dejado a sí mismo sin testimonio en estos días. Uno de los más eficaces de los que testifican de la verdad de Dios hoy es el autor de este libro. Su testimonio como profesor de seminario, como maestro de conferencias bíblicas, como escritor bien informado y convincente, y como amable caballero cristiano, ha sido una bendición a miles de personas durante las tres últimas décadas. Para mí es un alto privilegio recomendar, con genuino entusiasmo, la edición revisada de esta obra sobresaliente de John C. Whitcomb, un hombre que, como Apolos, es "poderoso en las Escrituras" y "de espíritu fervoroso" (Hechos 18:24, 25), así como también un estimado colega y amigo en Cristo.

HENRY M. MORRIS

Santee, California
Noviembre, 1987

Prefacio

"Por lo cual el mundo de entonces pereció anegado en agua" (2 Pedro 3:6). Con estas palabras el apóstol Pedro establece sin dejar dudas de ninguna clase la validez de lo que ha llegado a conocerse como "catastrofismo bíblico" o "geología del Diluvio". Anticipando el día cuando los hombres negarían la posibilidad de la intervención directa de Dios en el juicio global al final de la historia ("¿Dónde está la promesa de su advenimiento?", 3:4), Pedro usa la analogía del gran diluvio de los días de Noé para disipar para siempre la validez de la filosofía pseudocientífica del uniformismo total.

El propósito de este estudio es declarar de nuevo en forma más popular las evidencias bíblicas y científicas básicas a favor de ese Diluvio, conforme se establecieron originalmente en *El Diluvio del Génesis* (con Henry M. Morris como coautor en 1961 y publicado en español en 1982 por Editorial CLIE), y actualizar la gran controversia que esa y obras similares han suscitado. El autor también ha procurado analizar y responder brevemente a las objeciones publicadas que se han dirigido contra *El Diluvio del Génesis* en la generación pasada.

El autor agradece la extraordinaria respuesta que el público cristiano le ha acordado al tomo complementario de esta serie (*La Tierra Primitiva*, 1972, revisada, 1986 y publicado en español en 1985 por Ediciones Hebrón), y confía en que Dios se agrade, en su buena providencia, en usar este pequeño tomo de un modo similar para crear un interés mayor en el estudio de su Palabra infalible durante estos últimos días antes de su venida.

Reconocimientos

Numerosas personas han hecho importantes contribuciones a la preparación y producción de esta obra. A todas ellas les expreso mi profundo agradecimiento.

Henry M. Morris, coautor de *El Diluvio del Génesis*, leyó el manuscrito en su forma inicial y ha escrito el prólogo para esta edición.

Tres eruditos cristianos leyeron el manuscrito original e hicieron valiosas sugerencias para mejorar la argumentación y el estilo: John J. Davis, presidente y profesor de Antiguo Testamento y Hebreo, Grace Theological Seminary; Charles R. Smith, vicepresidente y decano, The Master's Seminary; y Robert D. Ibach, Jr., director de biblioteca, Dallas Theological Seminary.

Mi amada esposa, Norma, que en medio de sus muchas responsabilidades me brindó el estímulo constante que creo que fue el medio que Dios designó para comenzar y terminar este proyecto que duró tantos meses.

El Mundo Que Pereció

1

Dios destruyó el mundo— sobrenaturalmente

La historicidad de personas y sucesos conectados con el gran Diluvio, que se describen en los primeros capítulos de Génesis, está confirmada en seis pasajes del Nuevo Testamento.[1] En por lo menos cinco de estos seis pasajes, *el origen supernatural del Diluvio es declarado o inferido.* En Mateo 24:37-42 y en Lucas 17:26-27, el Señor Jesucristo comparó el Diluvio (en el cual una familia justa fue preservada para repoblar el mundo mientras todos los hombres malvados eran llevados) con la Segunda Venida, cuando algunos serán dejados y el resto será llevado a juicio. En Hebreos 11:7 se nos dice que Noé "fue advertido *por Dios* acerca de cosas que aún no se veían", claramente infiriendo el origen y carácter sobrenatural del Diluvio. En 2 Pedro 2:4-5 leemos que "Dios . . . [trajo] el diluvio sobre el mundo de los impíos". Asimismo, según 2 Pedro 3:5-6, fue "por la palabra de Dios" que "el mundo de entonces pereció anegado en agua", así como ". . . los cielos y la tierra que existen ahora, están reservados por la misma palabra, guardados para el fuego en el día del juicio y de la perdición de los hombres impíos" (v. 7).[2]

Así como los cristianos frecuentemente han sido culpables de tergiversar la crónica bíblica de la creación intercalando en ella el concepto de meros procesos naturales a lo largo de vastos períodos de tiempo[3], así también el registro bíblico del gran Diluvio sufrió severamente a manos de los intérpretes uniformistas de nuestro día.

Los geólogos ciertamente tienen razón cuando insisten en que un diluvio en escala mundial que cubra las montañas no podría ocurrir hoy basado en los procesos geológicos observables, y el equilibrio actual de las masas oceánicas y continentales. Estamos de acuerdo en que no se *conoce* que en la corteza terrestre haya una fuerza o combinación de fuerzas lo suficientemente poderosas como para elevar todas las cuencas oceánicas y sumergir todos los continentes y luego invertir el proceso un año después.

Pero cuando estos mismos geólogos (así como también esos teólogos que están profundamente influidos por las teorías geológicas actualmente populares) afirman dogmáticamente que el libro de Génesis está equivocado si es cierto que describe una catástrofe que cubrió las montañas en los días de Noé, ¿no están subestimando al Dios de la creación, los milagros y el juicio? En las palabras de nuestro Señor Jesucristo, "Erráis, ignorando las Escrituras y el poder de Dios" (Mateo 22:29).

En primer lugar, no nos atrevemos a ignorar las declaraciones de las Escrituras con respecto a *las fuerzas sobrenaturales* que Dios empleó en lanzar el gran Diluvio, para que no fuera una mera combinación casual de procesos naturales y actualmente observables. En realidad, las Escrituras presentan el Diluvio como un acontecimiento en la historia de la tierra que es único en su género, que sucedió una sola vez, y que no se repetirá, comparable en magnitud y significado sólo con el juicio final del mundo (Génesis 8:21—9:17; Mateo 24:37-42; y 2 Pedro 3:5-7).

Segundo, y algo que es más serio todavía, dichos científicos y geólogos "ignoran voluntariamente" (2 Pedro 3:5) que el Creador no sólo es un Dios vivo y personal, sino que es completamente capaz de realizar exactamente las clases de milagros que su Palabra testifica. De hecho, la Biblia recalca con claridad que ninguno puede ser un verdadero cristiano si no acepta milagros estupendos como la resurrección corporal de Jesucristo de la tumba el tercer día después de su crucifixión (Romanos 10:9; 1 Corintios 15:1-10).

Por supuesto, los defensores del concepto de un Diluvio local siempre han encontrado que es conveniente poner en duda la validez del apelamiento a los milagros que *deben* caracterizar a cualquier esfuerzo serio por arreglárselas con la doctrina del Diluvio. Bernard Ramm es un teólogo que afirma creer en los milagros bíblicos pero que, sin embargo, es bastante enfático en insistir que "si se desea retener un diluvio universal, debe entenderse que se requiere una serie de milagros estupendos. Además, no puede disculparse con declaraciones piadosas de que Dios puede hacer cualquier cosa. . . . No hay duda de lo que la Omnipotencia puede hacer, pero *la simplicidad de la crónica del Diluvio* prohibe el interminable suministro de milagros para que un diluvio universal sea factible".[4]

Al considerar esta objeción, nuestra atención se enfoca, antes que nada, en la declaración de que "la simplicidad de la crónica del diluvio" prohibe la clase de supernaturalismo que sería exigido por un Diluvio universal. Ramm no procede a explicarnos la naturaleza de su supuesta "simplicidad", y esto es lamentable, porque es aparente que esto sirve como su clave de interpretación para todo al narrativo del Diluvio del libro de Génesis. A la luz de todo esto, no puede evitarse la pregunta de si la descripción bíblica de *cualquier* milagro no se caracteriza por cierta "simplicidad". ¿Cómo distinguiría Ramm entre "los milagros de Génesis" y, digamos, "los milagros de Daniel" o "los milagros de Mateo"?

En segundo lugar, no estoy conciente de la necesidad de apelar a "el interminable suministro de milagros para que un diluvio universal sea factible". Como trataré de demostrar en el Capítulo 3, algunos aspectos muy importantes del Diluvio involucraron una producción de leyes y procesos naturales mediante la *providencia* (en contraste con la intervención sobrenatural) de Dios.

No obstante, el tercer y más serio problema de la posición de Bernard Ramm es su fracaso en llegar a un acuerdo con el testimonio bíblico con respecto a la estructura *básicamente sobrenatural* del Diluvio de Génesis. No es cuestión de apelar desesperadamente a la "mera omnipotencia de Dios" para apuntalar una teoría de catastrofismo antibíblica, sino, más bien, de tener en cuenta las claras afirmaciones del texto bíblico con respecto a las causas y efectos del Diluvio. Un cuidadoso análisis de los datos exegéticos pertinentes revela por lo menos seis áreas en las que el supernaturalismo está claramente exigido en la doctrina del Diluvio: (1) el diseño divinamente revelado del arca; (2) la agrupación y cuidado de los animales; (3) el levantamiento de las aguas oceánicas desde abajo; (4) la descarga de las aguas de arriba; (5) la formación de nuestras cuencas oceánicas actuales; y (6) la formación de nuestros continentes y cadenas de montañas actuales. Cada uno de estos aspectos sobrenaturales del Diluvio constituyen un rompimiento radical con las presuposiciones naturalistas del cientificismo moderno, y por esta razón merece nuestra más cuidadosa consideración.

El diseño del Arca

Ciento veinte años antes de que viniera el Diluvio, Dios le reveló a

El Arca de Noé comparada con los barcos modernos

El Arca de Noé era el navío marítimo más grande que se había construido, hasta fines del siglo diecinueve, cuando aparecieron los primeros barcos gigantes construidos de metal. El Arca tenía alrededor de 137 metros por 23 metros; pero recién en 1858 "el navío más grande de su tipo en el mundo era el transatlántico *Himalaya,* de la compañía naviera P. & O., de 73 metros por 11 metros . . ." Ese año, Isambard K. Brunel produjo "el *Great Eastern,* de 211 x 25 x 9 metros, de alrededor de 19.000 toneladas . . . cinco veces el tonelaje de cualquier otro barco a flote para esa fecha. Tan grande fue el salto dado por Brunel con dicho diseño que aún cuarenta años más tarde, en una era de feroz competencia, los barcos más grandes que se estaban construyendo eran más pequeños que el *Great Eastern* . . . El relato babilónico que habla de un arca en forma de cubo demuestra una ignorancia total. Un barco así estaría girando despacio sin avanzar. Pero las proporciones dadas en la Biblia no dejan nada que desear. Las mismas son importantes desde el punto de vista de la estabilidad, el grado de inclinación y el balanceo. La relación entre largo y ancho (137 m x 23 m) es de 6 a 1. Por lo tanto, tomando el promedio de seis barcos actuales de aproximadamente el mismo tamaño, seleccionados de seis empresas navieras distintas, obtenemos, por ejemplo, una proporción de 8.1 x 1. El gigantesco transatlántico *Queen Elizabeth* tiene una relación de 8.6 x 1, mientras que el *Canberra* tiene 8.2 x 1. Estos barcos se construyeron para navegar ligero, pero el Arca no fue hecha para ese propósito. Algunos de los grandes barcos tanques tienen una proporción de alrededor de 7 a 1. Las cifras del *Great Britain,* diseñado por I. K. Brunel en 1844, son aún más interesantes. Sus dimensiones eran de 98 m x 15,5 m x 10 m, por lo que la relación es casi la misma que la del Arca. Para lograr ideas de fabricación Brunel contaba con el conocimiento acumulado de generaciones de fabricantes de barcos. El Arca fue el primer navío de su tipo" (*The Flood Reconsidered,* de Frederick A. Filby, p. 93).

UNITED STATES

un ser humano su propósito de destruir la tierra por agua e instruyó a Noé para que hiciera los preparativos para su juicio construyendo un arca que sería el instrumento para salvar no sólo a su familia, sino también la simiente de todas las criaturas que respiran aire en el mundo. Esa estructura era significativa, no sólo por sus dimensiones y proporciones espaciales, como veremos enseguida, sino también en la dimensión del tiempo involucrado; porque los cien años de su construcción proveyeron una demostración visible de la renuencia de Dios de que ningún hombre perezca, y sirvió como una invitación general para salvarse del inminente desastre. Conforme el apóstol Pedro lo expresara, "cuando una vez esperaba la paciencia de Dios en los días de Noé, mientras se preparaba el arca" (1 Pedro 3:20).

Las dimensiones espaciales del Arca constituyen un testimonio extraordinario de la armonía interna y racionalidad objetiva del relato bíblico del Diluvio. Mientras el relato babilónico del diluvio abunda en absurdos y habla del Arca como de un cubo perfecto de 120 codos en cada dirección y con nueve cubiertas,[5] las dimensiones reveladas por Dios registradas en Génesis son tanto razonables como apropiadas en sus proporciones y magnitud a la luz del propósito que se intentaba para el Arca. Con respecto a sus proporciones, "un modelo fue hecho por Peter Jansen de Holanda, y las barcazas danesas llamadas *Fleuten* se fabricaron siguiendo el modelo del Arca. Estos modelos demostraron que el Arca tenía una capacidad superior a los navíos curvados o modelados. Eran de una navegabilidad superior y casi imposibles de zozobrar".[6]

Henry M. Morris, en un estudio de la estabilidad del Arca, llegó a la conclusión de que *tendría que colocarse casi completamente vertical* antes de poder darse vuelta. "Además —continúa diciendo Morris— su largo relativamente grande (seis veces su ancho) contribuiría a mantenerla protegida contra las fuertes olas de igual magnitud a través de toda su eslora, dado que los campos ondulatorios tienden a ocurrir en forma interrumpida y variada, más bien que en una serie uniforme de largas olas encrespadas, y esto sería particularmente cierto en el caótico fenómeno hidrodinámico del Diluvio. De hecho, el Arca propendería a alinearse por el espectro de las fuerzas y corrientes hidrodinámicas en una dirección tal que su largo eje estaría paralelo a la dirección predominante del movimiento de las olas y la corriente. De esta forma actuaría como un cuerpo semiperfilado y las fuerzas netas de arrastre serían mínimas. De cualquier forma que se la mire, el Arca tal como fue diseñada, era sumamente estable y admirablemente apropiada para capear las tormentas durante el año del gran Diluvio".[7] Al ser una barcaza de fondo plano, no diseñada para navegar sino simplemente para flotar, tenía un tercio más de capacidad que los otros barcos de igual dimensión con quilla ahusada.[8]

Más importante todavía es que las dimensiones del Arca fueron lo suficientemente grandes para lograr el propósito para el que fue fabricada: el de preservar con vida a miles de toda clase de animales con aliento de vida que de otra manera no hubieran podido sobrevivir el año del Diluvio. Suponiendo que el largo del codo haya sido de por lo menos 44,5 centímetros, el espacio utilizable en los tres pisos de esta barcaza habría sobrepasado los 8.800 metros cuadrados y el volumen total habría sido de 39.500 metros cúbicos.[9]

Dichas cifras son difíciles de comprender si no se hace una comparación. A fin de ser realistas, imaginemos que estamos en un paso a nivel esperando el paso lento de diez trenes de carga, cada uno tirando 52 vagones grandes. Así era la capacidad del Arca, pues equivalía a 520 vagones de ganado de los ferrocarriles actuales. Una barcaza de tamaño tan gigantesco con una estructura de miles de divisiones (Génesis 6:14) tendría suficiente capacidad para llevar dos de cada *especie* de animal de los que viven en nuestro mundo actual (y sin duda la tendencia hacia una división taxonómica ha producido más "especies" de lo que el término "género" de Génesis pudiera justificar) ocupando sólo la mitad de su espacio de cubierta disponible.[10] El espacio restante habría sido ocupado por la familia de Noé, más cinco de cada una de las comparativamente pocas clases de animales que eran aceptados para sacrificio, más dos de cada uno de los que ya han desaparecido desde el Diluvio, además del alimento para todos (Génesis 6:21).

A la luz de estas estadísticas es necesario hacer dos observaciones. Primero, la revelación sobrenatural dada a Noé con respecto al Arca, cien años antes del Diluvio, sirve para recalcar el hecho de que el Diluvio no fue un mero suceso natural-providencial en la historia del mundo, que más tarde fuera poéticamente interpretado como un "milagro". En cambio, la advertencia o preaviso, y las preparaciones detalladas efectuadas por Noé durante cien años, colocan al Diluvio en la categoría de un acontecimiento apocalíptico escatológico, en lo que respecta al mundo antediluviano de aquel entonces.

En segundo lugar, las dimensiones del Arca constituyen una fuerte defensa a favor de la inspiración divina del libro de Génesis, porque si Moisés simplemente hubiera inventado la narración o si hubiera modificado algunas leyendas de diluvios corrientes, no podría haber descrito el Arca tal como la encontramos en el libro de Génesis. No podría haber sabido cuáles debían ser las dimensiones correctas para cumplir el propósito previsto, cuando vemos, a la luz de los recientes descubrimientos, la vasta cantidad de las distintas especies de animales con aliento de vida que había en el mundo de entonces.

La agrupación y el cuidado de los animales

Un segundo aspecto de gran importancia en relación con lo sobrenatural del Diluvio, tiene que ver con los animales con aliento de vida que sobrevivieron. En la propia naturaleza del caso, hubiera sido completamente imposible para Noé y su familia reunir treinta o cuarenta mil animales (o la mitad de dicha cantidad de especies) en el Arca, aunque se hubieran ocupado sólo de esto durante los cien años.

Una ilustración más bien jocosa de este hecho ocurrió en Italia, a pocos kilómetros al sur de Roma, cuando un productor cinematográfico intentó reproducir la escena de los animales y el Arca. Mucho tiempo y esfuerzo se dedicaron para adiestrar a unos cuantos animales de zoológico a fin de que subieran de dos en dos por una rampa hasta un modelo del Arca. Pero cuando llegó el momento de filmar la escena, "un carabao fue presa de pánico, atropelló y atravesó el modelo del Arca y se dirigió a Roma a todo galope". Después del incidente, como continúa diciendo el informe, "el embarque de los salvajes pasajeros de la jungla tuvo que filmarse tras un vidrio".[11] Todo lo cual simplemente confirma los factores evidentemente sobrenaturales que deben haber obrado en esa fase del Diluvio.

Pero algunos científicos evangélicos alegan que sólo animales domésticos entraron en el Arca y, por lo tanto, esto no hubiera sido una tarea imposible para Noé y su familia. Arthur Custance, científico canadiense, escribió: "Es casi seguro que los animales domésticos no habrían podido emigrar solos . . . Por esa razón, aunque no sea por otra, algunos de los animales tendrían que ser llevados a bordo . . . pero posiblemente éstos eran de la variedad domesticada".[12]

George Cansdale, director de un zoológico británico y autor de *Animals of Bible Lands* ([Animales de las tierras bíblicas] Londres: Paternoster Press, 1970), concuerda en que "el principal trabajo de Noé era el de conservar los animales reproductores entre los animales domésticos que estaban asociados con el hombre y que dependían mayormente de él, proveyendo así un rápido comienzo de multiplicación en ocupar el terreno que había sido severamente dañado, aunque no totalmente arruinado, por el Diluvio.

Los canguros y el Arca de Noé

Pregunta: ¿Cómo habrán viajado los canguros desde Australia hasta el Arca de Noe? Respuesta: Por lo menos dos de cada uno de los géneros de animales con aliento de vida —incluyendo al canguro— deben haber vivido en el mismo continente donde se construyó el Arca, por lo que pudieron venir a Noé mediante dirección divina (Génesis 6:20; 7:9) sin tener que cruzar océanos.

Pregunta: ¿Cómo llegaron los canguros a Australia desde el monte de Ararat después del Diluvio? Respuesta: Aparentemente un gran puente de tierra conectaba al continente asiático con Australia a comienzos del período posdiluviano. Durante esta intensa fase de la "edad de hielo", cantidades tan enormes de agua se congelaron en las regiones polares que los niveles de los océanos estaban cientos de metros más bajo de lo que lo están en la actualidad. El mapa *Atlas del Mundo* de la National Geographic Society (1981), muestra claramente la poca profundidad de la plataforma continental que ahora se extiende desde Indochina hasta Australia.

En su libro *The Flood Reconsidered* [Reconsideración del Diluvio], F. A. Filby, químico británico, sigue la misma línea de pensamiento. Sostiene que si eliminamos los animales salvajes del Arca la mayoría de las dificultades desaparecerán:

> La jirafa, con su cuello largo, hubiera necesitado un establo especial; pero si Africa Central no formaba parte del mundo conocido por Noé, no hubiera habido ningún problema. El mastodonte sudamericano debe haber hecho un viaje largo para llegar a Sumeria, y la panda gigante de China hubiera requerido una provisión especial de brotes de bambú para su alimento durante el año; pero parece que la Biblia no requería necesariamente mastodontes y pandas gigantes en el arca . . . Es mucho más razonable suponer que Noé juntó —quizás amansó— bueyes, ovejas, cabras, caballos, asnos, camellos, animales de la familia del ciervo, de la familia del gato, el perro, el castor, el zorro, el cerdo, el topo, la rata y el conejo, y muchos pájaros . . . Probablemente Noé descubrió que era necesario incluir sólo un número reducido de los animales del mundo carnívoro.[14]

Pero, ¿dónde sugiere el libro de Génesis que Noé sólo necesitaba llevar animales domésticos en el Arca? El propósito del Diluvio era destruir todo sobre la tierra incluyendo al "hombre" y los "animales" y "lo que se arrastra" y "las aves del cielo" (6:7) y "destruir toda carne en que haya espíritu de vida debajo del cielo" (6:17; cp. 6:12-13, 19-21; 7:2-4, 8, 14-16; 8:1, 17-19; 9:8-17). Estas son exactamente las mismas palabras que usa el primer capítulo de Génesis para describir los diferentes géneros de animales terrestres que Dios había creado. Si sólo animales domésticos iban a entrar en el Arca, ¿podemos suponer que sólo animales domésticos fueron creados por Dios en el primer capítulo de Génesis? La verdad del asunto es que el autor no pudo haber usado términos más claros de los que usó, cuando expresó la idea de *la totalidad de animales con aliento de vida en el mundo*. Una vez que admitimos esto, toda controversia sobre el alcance geográfico del Diluvio debe concluir; porque nadie desearía mantener la teoría de que todo animal terrestre estaba restringido al valle mesopotámico en los días de Noé.

Aquí debemos hacer una pausa y formularnos una pregunta de vital importancia. Si insistimos en que los animales se juntaron de una forma que sea completamente razonable para la mente no regenerada, eliminando todos los elementos sobrenaturales, ¿no habremos tenido éxito también en hacer que la crónica bíblica sea completamente irrazonable? Por ejemplo, nótese la explicación dada por el Dr. Filby: "En casos de peligro inminente, los animales, especialmente los más jóvenes, buscan a alguien que los proteja. Podemos aceptar la idea de que ante la furiosa tormenta que rugía afuera, en contraste con el calor, los alimentos, la comodidad y la protección que brindaba el Arca, la actitud de la mayoría de los animales para con Noé (aun aparte de cualquier decisión divina opuesta, que por cierto pudiera haberse ejercitado) habría sido la de mascotas que buscan a sus dueños para lograr protección y amistad".[15] Pero, ¿se hubieran vuelto dóciles todos estos animales por el solo hecho de que había una tormenta? Asimismo, el texto de Génesis nos dice que la "tormenta" no comenzó hasta después que todos los animales estaban dentro del Arca. Al considerar estas "armonizaciones" entre ciencia y Escritura, encontramos que estamos de acuerdo con lo que dice Andrew D. White que "cada uno mezcla más o menos ciencia con más o menos Escritura y produce un resultado más o menos absurdo".[16]

En su obra popular *The Biblical Flood and the Ice Epoch* [El Diluvio bíblico y la época de hielo], Donald Patten también trata de explicar cómo se juntaron los animales sin apelar a la intervención milagrosa de Dios. Pero su explicación prácticamente nos lleva al reino de lo absurdo. Después de dar varios ejemplos del comportamiento anormal de los animales inmediatamente antes de las catástrofes naturales, dice: "Los animales mencionados en el relato de Génesis, tanto domésticos como posiblemente algunos salvajes también, entraron en el Arca siete días antes del Diluvio—siete días antes de que empezara a llover y que las aguas del océano se levantaran y comenzaran a embravecerse. *Aparentemente hubo advertencias significativas, microvibraciones o pequeñas sacudidas, de la catástrofe de naturaleza sísmica que se avecinaba*".[17]

Ahora bien, exactamente ¿qué es lo que quiere Patten que creamos? Su teoría es que dos de cada uno de todos los géneros de animales con aliento de vida y siete de cada uno de las clases aceptables para sacrificios, fueron incitados hacia el Arca por una serie de microvibraciones que se sintieron en la corteza terrestre, causadas por el planeta Mercurio en su rápido paso cerca de la tierra para entrar en su presente órbita. ¿Es esta la ayuda que la mente secular o refinada del siglo veinte necesita a fin de creer en el relato de Génesis? La respuesta parece ser evidente.

George Cansdale aparentemente rechaza la teoría de la tormenta propuesta por Filby y la teoría de la visita estelar propuesta por Patten y pone todo el énfasis sobre Noé mismo. Asegura que "los hombres de aquel período primitivo podían cazar y adiestrar y domesticar una variedad de animales grandes, salvajes e insólitos, mostrando una

"Dinosaurios" de Indonesia y de América

Los científicos evolucionistas creen que los dinosaurios desaparecieron muchos millones de años antes de que el hombre apareciera sobre la tierra. Pero la Biblia indica que los hombres y los dinosaurios vivieron contemporáneamente. Por ejemplo, Romanos 5:12 y 8:20-22 indican que *en el reino animal no había muerte hasta que Adán pecó.* Por lo tanto, la muerte y la fosilización de los dinosaurios tiene que haber ocurrido *después del azote edénico de Génesis 3.* En Job 40:15-19 ("He aquí ahora behemot . . . hierba come como buey . . . su cola mueve como un cedro . . . El es el principio de los caminos de Dios".) se indica que tales dinosaurios como el diplódico y el brontosaurio vivieron en los ríos de los valles del Cercano Oriente tan recientemente como 2.000 antes de Cristo. Las notas marginales y pies de imprenta de ciertas ediciones de la Biblia que dicen de que se trata de un hipopótamo se contradicen claramente por la referencia a "su cola . . . como un cedro".

Los descubrimientos científicos confirman la revelación bíblica en este punto. Si entendemos la palabra "dinosaurio" en su sentido original de "lagarto aterrador", entonces el dinosaurio todavía no se ha extinguido. En la pequeña isla de Komodo, Indonesia (véase el número de diciembre de 1968, pp. 872-880, de la revista *National Geographic Magazine),* todavía existen alrededor de mil enormes *lagartos dragones* (foto superior). A pesar de que el 99% ha desaparecido y que pocas veces tienen más de 3,50 m de largo, el *caimán americano* (foto inferior) alcanzó una longitud de casi 6 metros a principios de siglo (véase el número de enero de 1967, p. 137, de la revista *National Geographic Magazine).* Hace apenas unos 500 años el *aepyornis,* un pájaro dinosaurio de casi 3 m de alto, que pesaba media tonelada, vivía aún en la isla de Madagascar (véase el número de octubre de 1967, p. 493, de la revista *National Geographic Magazine).* Ha llegado el momento para una perspectiva totalmente nueva con respecto a los dinosaurios en relación con la historia de la tierra y de la raza humana.

capacidad que hace mucho se ha perdido".[18] ¿Pero, cómo se explica esto en relación con Génesis 6:20, donde Dios promete a Noé que "dos de cada especie entrarán contigo, para que tengan vida"? Cansdale contesta esto refiriéndose al versículo anterior, 6:19, donde el relato es más general ("dos de cada especie meterás en el arca") e ignorando la última y más detallada afirmación de Génesis 7:9 ("de dos en dos entraron con Noé en el arca; macho y hembra, como mandó Dios a Noé) y 7:16 ("Y los que vinieron, macho y hembra de toda carne vinieron, como le había mandado Dios; y Jehová le cerró la puerta"). Robert Jamieson admite que "deben haber sido dirigidos por una gran fuerza divina, pues era imposible, bajo cualquier punto de vista, que hayan entrado *en parejas*".[19] Bernard Ramm, que niega el concepto de un Diluvio universal y rechaza la "interminable provisión de milagros", acepta sin embargo que los animales tuvieron que ser "incitados por un instinto divino" para entrar en el Arca.[20]

¿Por qué es que tantos eruditos cristianos titubean en cortar el nudo gordiano de la interminable especulación y que *Dios*, y *sólo Dios*, tenía el poder para atraer hasta el Arca a dos de cada uno de los distintos géneros de animales con aliento de vida? La tarea de Noé era construir el Arca y advertir al mundo del juicio de Dios. Las multitudes de personas que se habrán reído de las advertencias de Noé (cp. Hebreos 11:7; 1 Pedro 3:20; 2 Pedro 2:5) se deben haber quedado profundamente impresionadas y hasta horrorizadas por este siniestro espectáculo de decenas de miles de animales que venían al Arca, evidentemente guiados por el poder de Dios.

Pero este no es el fin de las objeciones. Ronald Youngblood pregunta: " ¿Cómo pudieron sólo ocho personas alimentarlos [decenas de miles de especies provenientes de todo el mundo] y cuidarlos? ¿Cómo podrían esas personas —o un grupo mucho mayor de personas, si viene al caso— proveer las dietas especiales y los diferentes ambientes necesarios?"[21] Otro erudito cristiano pinta cuadros verbales funestos de animales salvajes aterrorizados por los movimientos del Arca sobre las aguas, mientras los desesperados ocupantes humanos de este jardín zoológico flotante se esfuerzan en vano por calmarlos y abordar el problema sanitario cada vez mayor.[22] Aún otro teólogo, Bernard Ramm, está convencido de que "la tarea de sacar el estiércol y acarrear la comida oprimiría totalmente de trabajo a las pocas personas en el Arca".[23]

Un cuadro como ese es completamente contrario a las claras afirmaciones e implicaciones que dan las Escrituras. Nuestro Dios es un Dios de orden y no de confusión (1 Corintios 14:33). ¿Habiendo dirigido a Noé hasta esa situación en forma sobrenatural, acaso Dios no tendría poder también para sostenerlo (véase Filipenses 1:6; Gálatas 3:3)? El autor del libro de Génesis se enfrentó con una situación similar muchos años más tarde, cuando sacó a su pueblo de la esclavitud de Egipto con la ayuda sobrenatural de Dios, sólo para enfrentarse con el desierto árido y la situación aparentemente irremediable de tener que conseguir agua y alimento para miles de personas. ¿Falló la provisión natural de Dios para Moisés y su pueblo en aquel entonces? Todo estudiante de las Escrituras sabe la respuesta a esta pregunta. Ahora, si miramos de cerca a Génesis 8:1 encontraremos una importante clave para la solución de ese problema aparentemente irremediable. Se nos dice que Dios *"se acordó"* de Noé y de todos los animales en el Arca. "Cuando el Antiguo Testamento dice que *se acordó Dios,* esto combina las ideas de amor fiel (cp. Jeremías 2:2; 31:20) e intervención oportuna: que 'Dios se acuerde implica siempre que se mueve hacia el objeto de su recuerdo'" (cp. Génesis 19:29; Exodo 2:24; Lucas 1:54, 55).[24]

La respuesta de Ronald Youngblood es que "no vale la pena observar que 'se acordó Dios de Noé' (8:1) . . . porque la frase de la cual forma parte este versículo se relaciona con la disminución, más bien que con el aumento, de las aguas". En otras palabras, la protección especial que Dios brindó al Arca y sus ocupantes supuestamente ocurrió sólo durante *la última mitad* del año del Diluvio. Sin dicho control divino durante *los primeros meses* del año del Diluvio, según nos asegura Youngblood, "el rápido aumento de las aguas (que requiere el punto de vista del Diluvio universal) habría generado poderosas corrientes que habrían hecho añicos el Arca contra algún alcantilado o la ladera de una montaña".[25] El Dr. Youngblood concluye diciendo que, por lo tanto, debe haber sido sólo un diluvio local, y Noé y su familia pudieron cuidar de unos cuantos animales en (quizás) un Arca pequeña, sin la ayuda especial de Dios durante los primeros cinco meses del Diluvio.

¿Es este un enfoque teológicamente creíble de la crónica de Génesis? No, no lo es, porque Génesis 8:1 claramente infiere que la mano protectora de Dios estuvo sobre el Arca y todos sus ocupantes *durante todo el año del Diluvio.* Si el Diluvio hubiera cubierto sólo una región limitada, parecería extraño que la ayuda especial de Dios habría estado disponible sólo durante los *últimos* pocos meses del año del Diluvio cuando, presumiblemente, la situación era menos peligrosa que al principio.

Pero la pregunta que debe formularse ahora es: ¿Qué *hizo* Dios para controlar los animales en el Arca de forma que Noé y su familia no se vieran sobrecargados con una tarea humanamente imposible? Creemos que Dios impuso *sobrenaturalmente* una experiencia que podría describirse como hibernación o letargo estival que duró un año, con la cual las funciones fisiológicas de esos animales se redujeron a un mínimo.

"Pero si eso fuera cierto —replica Youngblood— ¿qué interpretación le damos a Génesis 6:21: 'Y toma contigo de todo alimento que se come, y almacénalo, y servirá de sustento para ti y para ellos'? Parecería claro que los animales en el Arca debían masticar en vez de hibernar durante su viaje de un año de duración".[26]

Nuestra respuesta es que el alimento almacenado para los animales no debía ser comido *durante* el año del Diluvio, sino especialmente *al principio*, cuando Dios los condujo hasta que entraran a los miles de "aposentos" (literalmente, "nidos"—Génesis 6:14) que Él habría instruido a Noé que construyera para ellos. Puesto que los animales fueron reunidos al Arca durante un período de siete días, por lo menos algunos de ellos habrían estado exhaustos y con hambre cuando llegaron al Arca, y se habrían hartado del alimento que Noé había provisto, antes de que Dios los sometiera a un estado de hibernación.

¿Qué base bíblica existe para apoyar este concepto tan significativo? *Primero*, debemos suponer, antes que nada, que Dios controló en forma sobrenatural las funciones fisiológicas de estos animales para traerlos al Arca, supeditando todos los instintos naturales durante ese período de tiempo. *Segundo*, no pudo haber ninguna multiplicación de animales (¡ni siquiera de conejos!) durante el año del Diluvio, pues el Arca tenía sólo capacidad para llevar dos de cada clase y los animales entraron de dos en dos y salieron, un año más tarde, de la misma forma. Nótese que fue sólo *después* que Noé sacó los animales del Arca que Dios les ordenó que "vayan por la tierra, y fructifiquen y multiplíquense sobre la tierra" (8:17). Podría agregarse que aun en el caso de haber llevado a bordo animales domésticos solamente (como afirman Cansdale, Filby, Custance y Ramm) *todavía* habría sido una tarea gigantesca o más bien imposible, que ocho personas cuidaran a *cientos* de animales en una barcaza flotante durante meses.

Con respecto a todo lo que significó el juntar los animales para el Arca y su cuidado durante el año del Diluvio, el libro de Génesis es perfectamente consecuente en su presentación de la interacción entre la intervención milagrosa y el uso providencial de causas secundarias.

No podemos hacer que estos hechos importantes armonicen con un concepto del Diluvio que lo reduce hasta el nivel de "simplicidad" en términos de sucesos de carácter puramente natural o providencial.

La elevación de las aguas oceánicas

Un tercer aspecto sobrenatural del Diluvio fue la elevación de las aguas oceánicas, causado por la ruptura de "las fuentes del grande abismo" (7:11). La Biblia rechaza aquí toda posibilidad de una mera combinación fortuita de causas geológicas naturales porque se nos dice que esto involucró a "*todas* las fuentes del grande abismo" y que ellas fueron rotas "*aquel* día", es decir, el día 17 del segundo mes del año seiscientos de la vida de Noé.[27] Este fue, por cierto, un día que se destaca en la historia del mundo, pues en ese día Dios trastornó los delicados equilibrios de los continentes y océanos primigenios (véase Isaías 40:12) e inició una catástrofe tan gigantesca que el "mundo [*cosmos*] de entonces pereció anegado en agua" (2 Pedro 3:6).

Ese levantamiento de las cuencas oceánicas, acompañado por enormes explosiones de vapor y magmas suboceánicas y subterráneas,[28] junto con el correspondiente hundimiento de los continentes, continuó por seis semanas hasta que el Diluvio llegó a su máximo nivel, cubriendo los montes (7:20), y esa profundidad se mantuvo por otros 110 días hasta que las aguas destruyeron todo ser viviente de los continentes. Lo singular de esta discontinuidad geológica en la historia de la tierra, se recalca en Génesis 8:21-22 ("ni volveré más a destruir todo ser viviente, como he hecho. Mientras la tierra permanezca, no cesarán la sementera y la siega, el frío y el calor, el verano y el invierno, y el día y la noche"). Además, los términos con que se otorgó el pacto del arco iris según Génesis 9:8-17 y su repetición en Isaías 54:9 ("juré que nunca más las aguas de Noé pasarían sobre la tierra"), confirman la singularidad sobrenatural de esta catástrofe global.

La descarga de las aguas de arriba

La mayoría de los comentaristas tiende a interpretar "las aguas que estaban sobre la expansión" (Génesis 1:7) simplemente en términos de nubes de agua, basados en la suposición de que las condiciones atmosféricas presentes han continuado básicamente inalteradas desde la creación. Sin embargo, este concepto está seriamente en desacuerdo con la simple declaración de Génesis 7:11-12 de que "las cataratas de los cielos fueron abiertas, y hubo lluvia sobre la tierra cuarenta días y cuarenta noches". Esto se refiere nada menos que al colapso de una extraordinaria cubierta de vapor transparente que había en el cielo y que existía solamente en el período antediluviano, pues necesitó *seis semanas* para que estas aguas cayeran sobre la faz de la tierra. En contraste con esto, "si toda el agua [que existe ahora] en la atmósfera en cualquier momento, de repente se descargara sobre la tierra, cubriría este planeta hasta una altura de sólo unos cinco centímetros".[29] En vez de requerir seis semanas, sólo unas cuantas horas serían suficientes para lograr esto en la actualidad.

Si una cubierta de vapor de tal magnitud existía desde el segundo día de la semana de creación hasta el tiempo del Diluvio, las condiciones climáticas deben haber sido muy distintas a las que observamos hoy. En primer lugar, es probable que nunca haya llovido hasta el tiempo del Diluvio (véase Hebreos 11: 7—"cosas que aún no se veían") y que durante toda la época antediluviana "subía de la tierra un vapor, el cual regaba toda la faz de la tierra" (Génesis 2:5-6).[30]

En segundo lugar, no habría grandes variaciones en el clima de los distintos lugares del mundo porque la cubierta de vapor haría las veces de un invernáculo.[31] Sólo después que las aguas llovieron sobre la tierra se nos dice que hubo grandes vientos (8:1), lo que hace suponer que por primera vez había una gran diferencia entre las temperaturas de las regiones ecuatoriales y polares. En las regiones polares, donde una vez vivieron grandes cantidades de plantas y animales tropicales, de repente comenzaron a acumularse grandes volúmenes de nieve y hielo.

Una contribución sumamente significativa a toda esta discusión ha sido la obra de 470 páginas de Joseph C. Dillow titulada *The Waters Above: Earth's Pre-Flood Vapor Canopy* [Las aguas de arriba: La cubierta de vapor de la tierra antediluviana], ed. rev. (Chicago: Moody Press, 1982). La bibliografía de 32 páginas, incluyendo numerosas comunicaciones personales con destacadas autoridades, provee un indicio de la enorme cantidad de investigación que se ha invertido en dicha obra, y provee una señal alentadora de la salud y el vigor del moderno movimiento creacionista/catastrofista dentro del cristianismo evangélico.

La tesis básica de Dillow es que Dios envolvió la tierra pre-diluviana "en una capa de vapor térmico capaz de precipitar muchos metros de agua que se condensó en un diluvio geográficamente universal" (p. 136). Entre los puntos clave de este modelo están los siguientes: (1)

Unos 12 metros de agua, que causaron una presión de 1.4 atmósferas, cayeron a un ritmo promedio de media pulgada por hora durante cuarenta días al principio del año del Diluvio; (2) la condensación de la cubierta de vapor durante el Diluvio hizo que la presión atmosférica bajara repentinamente a su nivel actual; y (3) esta condensación aparentemente fue causada por ceniza volcánica que fue arrojada a la atmósfera. Más contribuciones de Joseph Dillow a nuestra comprensión de los efectos de la condensación de la cubierta de vapor, especialmente su análisis del congelamiento de los mamutes en Siberia, se considerarán en el capítulo 3.

Por consiguiente, "el mundo de entonces", según el apóstol Pedro describe al cosmos prediluviano, se diferenciaba mucho de "los cielos y la tierra que ahora existen" (2 Pedro 3:7). Creemos que una de las mayores razones para esta diferencia está en que "las ventanas de los cielos"[32] fueron abiertas sobrenaturalmente y las aguas que estaban arriba de la expansión atmosférica ("firmamento")[33] cayeron sobre la tierra en forma de una lluvia universal que nunca más se volvería a repetir, y las aguas se juntaron con las de los océanos por primera vez desde el segundo día de la creación. Por lo tanto, una intervención milagrosa, en vez de una mera coincidencia providencial de fuerzas naturales, como las que son posibles para la actividad geológica hoy en día, provee una vez más la clave esencial para interpretar la dinámica del Diluvio y los grandes cambios geológicos y meteorológicos que esto trajo consigo.

La formación de las cuencas oceánicas actuales

Así como el principio del año del Diluvio se caracterizó por una intervención sobrenatural, también el fin del mismo se logró por medio de un maravilloso milagro por parte de Dios. Aparte de eso, el mundo hubiera quedado para siempre anegado en agua y toda vida terrestre se hubiera extinguido en poco tiempo.

Dos pasajes de la Escritura, en libros del Antiguo Testamento, bien separados uno del otro, se refieren a esta actividad divina en particular. El primero, en Génesis 8:2-3, nos dice que "las fuentes del abismo . . . fueron detenidas . . . y las aguas decrecían gradualmente de sobre la tierra". Puesto que la rotura de las fuentes del grande abismo involucró el levantamiento del fondo del océano, el detenimiento de estas "fuentes" debe referirse al reverso de dicha actividad, mediante la cual se formaron cuencas oceánicas nuevas y más profundas para que sirvieran de enormes embalses para los dos océanos que estaban

La línea de pleamar del océano: Un lindero perpetuo

Hace 4.000 años Dios le preguntó a Job: "¿Quién encerró con puertas el mar, cuando . . . establecí sobre él mi decreto, le puse puertas y cerrojo, y le dije: Hasta aquí llegarás, y no pasarás adelante, y ahí parará el orgullo de tus olas?"(Job 38:8-11). Las Escrituras colocan gran énfasis en el *pacto del arco iris* que Dios hizo con la raza humana: "No habrá más diluvio de aguas para destruir toda carne" (Génesis 9:15), recalcando a la vez lo singular del Diluvio como una catástrofe global. Si el Diluvio fue de extensión limitada, entonces el pacto del arco iris habría fracasado, ya que desde entonces han ocurrido cientos de inundaciones locales devastadoras.

Alrededor del año 1000 antes de Cristo, se confirmó la promesa de: "Les pusiste término, el cual no traspasarán, ni volverán a cubrir la tierra" (Salmo 104:9). La promesa se confirmó nuevamente alrededor del año 700 antes de Cristo: "Porque esto me será como en los días de Noé, cuando juré que nunca más las aguas de Noé pasarían sobre la tierra; así he jurado que no me enojaré contra ti, ni te reñiré" (Isaías 54:9). Finalmente, alrededor del año 600 antes de Cristo, una vez más se confirmó la promesa: "¿A mí no me temeréis? dice Jehová. ¿No os amedrentaréis ante mí, que puse arena por término al mar, por ordenación eterna la cual no quebrantará? Se levantarán tempestades, más no prevalecerán; bramarán sus ondas, mas no lo pasarán" (Jeremías 5:22).

Un solo Diluvio fue suficiente para mostrar una vez y para siempre la soberanía, santidad y poder de Dios como Juez de toda la humanidad (Génesis 8:21; Salmo 29:10) y, por lo tanto, el mundo nunca más verá otro que se le iguale.

separados entre sí por la expansión atmosférica antes del Diluvio (Génesis 1:7). El resultado natural de esta subsidencia fue que "las aguas decrecían gradualmente de sobre la tierra", permitiendo así que los continentes nuevamente aparecieran de entre los océanos, como en el tercer día de la semana de creación.

Un segundo pasaje que aclara el importante hecho de la terminación del Diluvio lo encontramos en Salmo 104:6-9. Aunque contiene varias metáforas, se reconoce que el pasaje es histórico en lo que se refiere al Diluvio. Por ejemplo, nótese lo que dice el versículo 6: "sobre los montes estaban las aguas", y el versículo 9: "les pusiste término, el cual no traspasarán, ni volverán a cubrir la tierra". Sin duda, esta es una referencia al pacto del arco iris de Génesis 9, donde Dios asegura al hombre que *nunca más* habrá un Diluvio universal (cp. Isaías 54:9).

Ahora bien, el punto clave que nos concierne de este pasaje (Salmo 104:8) lo encontramos al principio del versículo 8: "Subieron los montes, descendieron los valles" (cp. otras versiones de la Biblia). Ya hemos visto en Génesis 8:2 que las cuencas oceánicas bajaron al terminar el Diluvio, y este concepto está de acuerdo con las palabras *"descendieron los valles"*. Dios produjo de manera sobrenatural el hundimiento de varias partes de la faz de la tierra, y a esos "lugares que Dios les fundó", "huyeron" las aguas y se "apresuraron", para quedar allí mientras exista la tierra (véase Apocalipsis 2:1), y nunca más volver a cubrir los continentes.

Algunos estudiantes de la Biblia niegan que el pasaje de Salmo 104:6-9 pueda referirse al Diluvio y al pacto del arco iris por ser tan similares a los pasajes de Job 38:8-11, Salmo 33:7, Proverbios 8:22-31 y Jeremías 5:22, que se entiende que se refieren al levantamiento de los continentes de en medio del océano durante el tercer día de la semana de creación. Por supuesto, si los continentes surgieron repentinamente del mar en dos ocasiones diferentes en la historia de la tierra, se esperaría encontrar expresiones similares que se usan para describir tales levantamientos geográficos extraordinarios. Primero, *los océanos originales no cubrieron las montañas que existían previamente* (cp. Salmo 104:6—"Sobre los montes estaban las aguas"). Segundo, *los océanos originales no estaban obligados por un decreto permanente* (cp. Salmo 104:9—"Ni volverán a cubrir la tierra").

Pero no todos estos pasajes en Job 38, Salmo 33, Proverbios 8 y Jeremías 5 se refieren a los acontecimientos de Génesis 1:9-10, y los que lo hacen no son estrictamente paralelos con Salmo 104:6-9. Por ejemplo, en Job 38:9 se menciona "una nube", algo que sugiere condiciones posdiluvianas; y el versículo 11 podría estar hablando del pacto del arco iris, que Job indudablemente conocía. Tanto Salmo 33:7 como Proverbios 8:22-31 se refieren claramente al tercer día de la creación, pero no se hace mención de *un decreto perpetuo* como en Salmo 104:8-9.

Por otra parte, Jeremías 5:22 por cierto recalca la permanencia del pacto del arco iris (". . . que puse arena por término al mar, por ordenación eterna la cual no quebrantará . . . Se levantarán tempestades, mas no prevalecerán; bramarán sus ondas, mas no lo pasarán") y, por consiguiente, *no puede* estar refiriéndose a los acontecimientos de Génesis 1. Además, Jeremías usa el mismo verbo que Isaías había usado al referirse a "las aguas de Noé" (Isaías 54:9), es decir, que ellas no "pasarán" (del hebreo *'abhar*) de nuevo sobre la tierra. El mismo verbo se usa en Salmo 104:9, infiriendo así que tanto Isaías como Jeremías habían sido influidos por el salmista en su descripción de la permanencia del pacto del arco iris que le siguió al Diluvio de Génesis.[34]

La formación de las cadenas de montañas actuales

Es importante observar que el pasaje de Salmo 104:6-9 menciona una idea que está sobreentendida en el relato de Génesis. No sólo se formaron lechos oceánicos nuevos y más profundos, sino que también *"subieron los montes"*. Esto no puede referirse simplemente a picos de montañas que aparecieron al descender el nivel de las aguas y que Noé podía ver desde la ventana del Arca. De otro modo, la frase paralela "descendieron los valles" no tendría sentido y, por consiguiente, la conexión con Génesis 8:3 quedaría sin efecto.

El pasaje de Salmo 104:8 en realidad dice que Dios, de manera sobrenatural, levantó las cadenas de montañas en las regiones continentales para equilibrar las nuevas profundidades de las cuencas oceánicas. Por lo tanto, la topografía global, como la vemos hoy en día, no se formó por una acumulación de cambios infinitésimos a lo largo de vastos períodos de tiempo, como insiste el enfoque uniformista lyeliano de la orogenia, sino más bien mediante una obra repentina y maravillosa por parte de Dios, por medio de la cual emergieron nuevos continentes de las aguas y estratos sedimentarios universales (formados por el vasto complejo de corrientes que actuaron durante el año del Diluvio) que se elevaron a miles de metros sobre el nivel del mar en las regiones montañosas de la tierra.[35]

Esta interpretación de Salmo 104:8, dicho sea de paso, soluciona uno de los grandes problemas relacionados con el concepto de un

Diluvio universal. Se dice a menudo, y con mucha razón, que simplemente no hay suficiente agua en los océanos actuales para cubrir todas las montañas del mundo, aunque el lecho de los mismos se elevara hasta el nivel del mar, porque hay muchas montañas que tienen más de 6.000 metros de altura y sólo hay un promedio de 4.000 metros de agua para cubrirlas. Pero si estas montañas (con los fósiles marinos que contienen) se elevaron hasta sus alturas presentes *desde* el Diluvio, podemos suponer que ninguno de los "montes altos" que existían antes del Diluvio (Génesis 7:19) tenía más de 2.000 metros de altura.

Una mirada más de cerca a la corteza terrestre ha obligado a casi todos los geólogos a retirarse del uniformismo extremo "sustantivo" de Charles Lyell. En las palabras de Derek Ager, ex presidente de la British Geological Association:

> El uniformismo [de Lyell] triunfó porque proveía una teoría general que al mismo tiempo era lógica y aparentemente "científica". El catastrofismo se convirtió en una broma y ningún geólogo se atrevería a postular nada que pudiera denominarse "catástrofe" por temor a que se le rieran o (en los recientes años) lo relacionaran con los miembros del grupo fanático de Velikovsky y los fundamentalistas californianos. Pero me agradaría sugerir que, en la primera mitad del siglo [diecinueve], los "catastrofistas" eran mejores geólogos que los "uniformistas" . . . Charles Lyell se las arregló para convencer a las futuras generaciones de geólogos de que la ciencia de ellos había comenzado con él".[36]

James H. Shea aclara algunas de las diferencias entre el "viejo" uniformismo de Lyell y el "nuevo" uniformismo (o catastrofismo naturalista) del día actual:

> Gran parte del uniformismo de Lyell, específicamente sus ideas sobre la identidad de causas antiguas y modernas, gradualismo y constancia de proporciones, ha sido refutado explícitamente por fuentes claramente modernas así como por una preponderancia abrumadora de evidencia que, como teorías sustantivas, sus ideas sobre estos asuntos estaban simplemente equivocadas . . . La idea de que las proporciones o intensidades de los procesos geológicos han sido constantes es tan obviamente contraria a la evidencia que sólo se puede mostrar sorpresa ante su persistencia . . . El uniformismo moderno no asevera nada acerca de la edad de la Tierra ni acerca de nada más . . . El uniformitarismo debe ser visto como que nos dice cómo comportarnos como científicos y no como diciéndole a la naturaleza cómo comportarse.[37]

Por lo tanto, los geólogos modernos son mucho más precavidos que sus predecesores lyelianos con respecto a cuán rápidamente la "Madre Naturaleza" puede hacer su obra geológica. En realidad, algunas veces hasta puede obrar de forma catastrófica. Pero nada puede ser más obvio que el hecho de que los "nuevos" (¿desde 1970?) geólogos neo-catastrofistas, no menos que los "viejos" (¿1840 a 1970?) geólogos lyelianos se oponen fundamentalmente al *catastrofismo bíblico*, mediante el cual un Dios infinitamente sabio no sólo *pudo* destruir sino que *realmente* destruyó todo el mundo con aliento de vida fuera del Arca de Noé mediante la intervención *sobrenatural* conforme se describe en Génesis, y de tal forma alteró profundamente los rasgos de la corteza terrestre y las condiciones atmosféricas de todo el globo terráqueo.

Una de las expresiones más populares del catastrofismo naturalista moderno es la teoría de la "tectónica de platos" o "deriva de los continentes", mediante lo cual se piensa que los continentes graníticos más livianos se han desplazado hasta sus ubicaciones actuales como enormes balsas en un "océano" de roca basáltica líquida más pesada a lo largo de millones de años.[38] Cuando se lo compara con los conceptos más antiguos de la "tierra rígida", se considera que esto es chocantemente catastrófico.

No obstante, este esfuerzo puramente naturalista por explicar el origen de nuestros continentes está plagado de problemas irresueltos y aparentemente sin solución. A. W. Mehlert cita varios críticos serios de la teoría (p.ej., V. Oppenheim, A. A. y H. A. Meyerhoff, P. S. Wesson, J. C. Maxwell), y cita las palabras de William Corliss:

> La Deriva Continental, que una vez fuera anatema y que ahora está guardada como reliquia, enfrenta innumerables objeciones técnicas. Para ilustrar una clase de objeción, se ha notado que muchos continentes encajan bien cuando se los junta sin tener en cuenta dónde están "flotando" ahora. Por ejemplo, Australia encaja bien dentro de la costa *este* de EE.UU. Al igual que la evolución, la Deriva Continental parece explicar demasiadas cosas demasiado superficialmente.[39]

Ninguna de las teorías naturalistas de la historia de la tierra, ni siquiera las teorías "quasi catastróficas", puede comenzar a explicar los actuales accidentes de la tierra a tiempo que ignora el catastrofismo sobrenatural del Diluvio de Génesis.

Conclusión

Si el sobrenaturalismo básico del Diluvio, basado en los diferentes pasajes de las Escrituras, ha de tomarse con toda seriedad por los cristianos evangélicos, *éstos deben, hasta ese punto, separarse del enfoque corriente propuesto por los geólogos históricos con respecto a la historia*

Montañas elevadas desde el Diluvio

Los picos nevados de montañas enormes y extraordinariamente altas no podrían haber existido antes del Diluvio. "El mundo que pereció" tenía montañas de poca altura que probablemente apenas alcanzaban entre 1.800 y 2.100 metros, porque fueron completamente cubiertas por las aguas del Diluvio ("Todos los montes altos que había debajo de todos los cielos, fueron cubiertos . . . fueron cubiertos los montes" — Génesis 7:19-20). Si la superficie de la tierra no hubiera tenido irregularidades de ninguna clase, los océanos la hubieran cubierto hasta una profundidad de unos tres kilómetros. Por consiguiente, si el Monte Ararat, que tiene más de 3 km de altura (o el Monte Everest, que tiene más de 8 km de altura), existía *antes* del Diluvio con dicha altura, el Diluvio no lo hubiera cubierto.

Las Escrituras nos dicen que no fue hasta *después* del Diluvio que "subieron los montes" (Salmo 104:8). La elevación de ellos hasta grandes alturas fue tanto repentina como sobrenatural, ya que el efecto inmediato de la intervención de Dios fue que las aguas "huyeron . . . se apresuraron . . . al lugar que tú les fundaste" (Salmo 104:7-8). Los geólogos seculares han buscado en vano tratando de encontrar las fuerzas suficientes para elevar las grandes cadenas de montañas del mundo (cp. *El Diluvio del Génesis,* de Whitcomb y Morris, pp. 251-256).

pasada de nuestro planeta. Dicho enfoque ignora completamente el relato de Génesis acerca de esta catástrofe mundial, y trata de explicar los accidentes geológicos y paleontológicos de la tierra en términos de principios puramente naturalistas.

El Diluvio constituye una línea de demarcación bien definida entre el presente mundo con su ciclo básicamente uniforme de sementera y siega, de frío y calor, de verano e invierno, de día y noche (Génesis 8:22), y "el mundo de entonces" con sus montes bajos, libres de fósiles y carentes de nieve, con sus cielos sin lluvia y un clima universal cálido y húmedo, y mares de poca profundidad. La transformación que puso fin a ese mundo y dio comienzo a éste fue tan repentina y sobrenaturalmente cataclísmica como el cambio que pondrá fin a este mundo presente e inaugurará el "nuevo cielo" y "la nueva tierra" de los que se nos habla en Apocalipsis 21:1. Por lo tanto, nuestro presente mundo de procesos naturales, lejos de ser la norma científica correcta para juzgar y medir el eterno pasado y futuro, es un medio cósmico singular, encerrado por las aguas universales por un lado y el fuego universal por el otro. Como creyentes que deseamos honrar a Dios y su Palabra, no seamos hallados culpables de hacer nula su infalible Palabra escrita mediante las influencias sutiles de las tradiciones de los hombres (cp. Marcos 7:7-8) al querer interpretar la crónica bíblica del Diluvio.

2

El Diluvio destruyó el mundo entero

Si concedemos que las Escrituras dan una clara indicación del origen y la terminación sobrenaturales del Diluvio, queda anulada una importante objeción en cuanto a su universalidad geográfica. De no haberse producido estos milagros tan maravillosos, no habría habido tal catástrofe. Pero hay un número de estudiantes evangélicos que están dispuestos a admitir que tales milagros ocurrieron pero, no obstante, vacilan en afirmar que la Biblia claramente enseña que el Diluvio cubrió todo el mundo. Hay varias razones que motivan esta vacilación, la mayoría de las cuales se basa en supuestas objeciones geológicas. Pero antes de considerar los aspectos geológicos del Diluvio debemos analizar las evidencias bíblicas a favor de su universalidad.

La profundidad del Diluvio

Tal vez la evidencia más importante a favor de la universalidad del Diluvio la encontramos en Génesis 7:19-20 ("y las aguas subieron mucho sobre la tierra; y todos los montes altos que había debajo de todos los cielos, fueron cubiertos"). Es evidente que si *una* sola montaña estuvo cubierta con agua durante solamente *una semana,* las aguas del Diluvio, a fin de mantener dicho nivel, habrían tenido que alcanzar una profundidad similar en el resto del planeta, dada la fuerza de gravedad. Pero Génesis 7:20 indica que *ni siquiera un solo pico montañoso* quedó arriba de la superficie del agua ("Quince codos más alto subieron las aguas, después que fueron cubiertos los montes"). La mayoría de los comentaristas concuerda en que los quince codos (casi siete metros) deben referirse al Arca de Noé, cuyo calado era de quince codos, o sea la mitad de su altura total. Por consiguiente, las montañas más altas estuvieron cubiertas por lo menos por esta profundidad durante los 110 días en que las aguas "prevalecieron" sobre la tierra, pues de otro modo el Arca podría haberse destrozado sobre una de las montañas.

Arthur Custance se opone a tal interpretación aludiendo que, si las aguas hubieran cubierto las montañas la "atmósfera rarificada" en las alturas arriba del monte Everest hubiera "insensibilizado a casi todas las criaturas en pocos minutos por la falta de oxígeno".[1] De manera particular expresó preocupación por Noé y sus hijos, quienes tenían que subir y bajar, a esa altura, las tres cubiertas del Arca. Pero esa preocupación es infundada porque es un hecho elemental que la presión atmosférica depende de la elevación *relativa al nivel* del mar. La columna de aire por encima del nivel del mar elevado durante el Diluvio se mantuvo a la misma altura, y la consiguiente presión atmosférica a nivel del mar era igual que la presión a nivel del mar en la actualidad.

La duración del Diluvio

Aunque quizás haya algunas diferencias de opinión en cuanto a la profundidad de las aguas del Diluvio (dependiendo de la altura de las montañas antediluvianas), *no* puede haber ninguna duda en cuanto a su duración. Las Escrituras nos dicen que el Diluvio alcanzó su máximo nivel, que cubrió las montañas, en *seis semanas*, y continuó cubriendo "todos los montes altos que había debajo de todos los cielos" *durante seis semanas adicionales.*

Ciento cincuenta días después que comenzó el Diluvio las aguas empezaron a bajar y el Arca reposó sobre uno de los picos más altos (porque el Arca reposó el mismo día en que las aguas empezaron a bajar—Génesis 7:11; 8:3-4). No obstante, *diez semanas más tarde* no se podía ver nada sobre las aguas sino las cimas de las montañas (8:4-5). Y todavía se necesitaron *veintiuna semanas* más para que las aguas bajaran lo suficiente como para que Noé pudiera desembarcar con toda seguridad *sobre los montes de Ararat*. ¿Cómo podría una inundación de tal profundidad y duración cubrir sólo una parte de la superficie de la tierra? Esto nunca se ha explicado satisfactoriamente. Además, simplemente no hay forma en que el Arca pudiera haber permanecido a flote durante cinco meses si el Diluvio hubiera sido de extensión local.

Arthur Kuschke (h), que mantiene la idea de un Diluvio local, simplemente descarta todos estos argumentos como que no tienen valor. "Un acontecimiento físico —nos dice— hizo que las aguas cubrieran la tierra. Pero no podemos describir así no más el carácter o grado de alcance de este acontecimiento físico. La Biblia no lo explica. Dice que las aguas crecieron y que más tarde bajaron, pero no dice nada acerca de inmensas olas brásmicas. Aparte de Noé y su familia, el Diluvio destruyó a toda la raza humana; pero no sabemos si en verdad cubrió todo el globo terrestre".[2] Por supuesto, la prueba de esta evidencia descansa sobre aquellos que sostienen que un diluvio que duró un año y cubrió las montañas pudiera permanecer local en extensión. Es difícil pensar qué más podría decir la Biblia para recalcar la universalidad del Diluvio.

La necesidad de un arca

Cuando consideramos las dimensiones del Arca ya hemos demostrado lo apropiadas que fueron, teniendo en cuenta los propósitos de esa estructura.[3] Pero mirándolo desde un punto de vista totalmente diferente, sin tomar en cuenta el tamaño exacto del Arca, *no hubiera sido necesario construir un Arca si el Diluvio iba a ser local.* Toda la tarea de construir semejante barcaza, que llevó más de cien años de planeamiento y trabajo, simplemente para escapar de un Diluvio local, sólo puede describirse como algo completamente ridículo e innecesario. Mucho más sensato hubiera sido que Dios simplemente advirtiera a Noé con suficiente tiempo de la destrucción que se avenía, para que pudiera trasladarse a otro lugar donde el Diluvio no lo afectaría, así como Lot fue salvado de Sodoma antes de que lloviera fuego del cielo. No sólo eso, sino que la mayoría de los animales de todas las especies, y seguramente los pájaros, podrían fácilmente haberse ido del lugar del peligro a otro sitio donde estarían a salvo, sin tener que estar encerrados en una barcaza durante un año entero. La crónica bíblica simplemente no armoniza con el concepto de que el Diluvio fue restringido al Cercano Oriente.

Sin embargo, a pesar de la aparente fuerza irresistible de este argumento de un Diluvio global, encontramos que eruditos evangélicos promueven la teoría del Diluvio local, haciendo énfasis más bien en el diseño, las dimensiones, la capacidad y el propósito del Arca, sin darse cuenta aparentemente de las contradicciones básicas de tal estudio. Se pensaría que la descripción bíblica del Arca sería pasada por alto en engorroso silencio por hombres cuyos puntos de vista del Diluvio pondría en seria duda, en primer lugar, *la necesidad de tener un Arca,* y no digamos nada un Arca de semejantes dimensiones.

Por ejemplo, R. Laird Harris comienza su argumento sobre el Arca señalando que "la construcción del Arca y de la Torre de Babel fueron, según la Biblia, las dos primeras empresas de magnitud realizadas por el hombre".[4] A continuación sigue hablando del posible corte transversal del Arca en forma de rombo,[5] de las herramientas que probablemente estuvieron disponibles para el trabajo, de los 2.832 metros cuadrados de espacio de cubierta, y de los animales que se podrían acomodar en ella. Pero, *¿qué del Diluvio que el diseño del Arca debía enfrentar?* Harris escribe:

> Los estudiantes de la Biblia pueden haber estado considerando el Diluvio de una manera muy simple. La Biblia da pocos detalles pero habla de movimientos en el fondo del océano que elevaron los niveles del agua del mundo, como también de lluvias torrenciales. En realidad, la palabra hebrea *inundación* (usada sólo en Génesis y Salmo 29:10) tiene por significado "tormenta". ¿No sería posible que la tormenta fuese una lluvia torrencial en la región mesopotámica y otras latitudes inferiores y una tormenta de nieve en las montañas, en Siberia y en otras regiones del norte? Considerándolo así, las cimas de las montañas no se verían por la tormenta y estarían cubiertas de nieve. Por supuesto que con tanta nieve durante casi un año "toda carne en que haya espíritu de vida" (Génesis 6:17) moriría de frío o de hambre. No obstante, una combinación de inundaciones, lluvia y tormenta de nieve no podría trastornar el equilibrio de la naturaleza ni matar los peces ni la vida vegetal. Una inundación de esa naturaleza no explicaría la existencia de mamutes en Siberia ni la muerte de todo ser humano que no estaba en el Arca, permitiendo la preservación de los huesos y artefactos del hombre antediluviano.[6]

Al analizar esto quisiéramos formular dos preguntas solamente. Primero: ¿cómo podrían "una lluvia torrencial en la región mesopotámica y otras latitudes inferiores y una tormenta de nieve en las montañas, en Siberia y en otras regiones del norte" explicar "la muerte de todo ser humano que no estaba en el Arca"? Y segundo: si la geografía prediluviana era básicamente igual a la de hoy (suposición que es compartida por todos los que abogan por la idea de un Diluvio local), ¿no podría Dios haber advertido a Noé y su familia para se trasladaran al Africa o la India a fin de escapar de la tormenta de "lluvia" y de "nieve", evitanto así la necesidad de usar cien años en la construcción de un Arca con 2.832 metros cuadrados de cubierta?

En sus diferentes escritos, R. Laird Harris ha hecho algunas contribuciones extraordinarias a la apologética cristiana. Pero cuando afirma que las "cimas de las montañas no se podían ver por la tormenta, y estaban cubiertas de nieve", adopta una posición peligrosa, alegando que Noé debe haber *pensado* equivocadamente de que las montañas más altas estaban cubiertas por el Diluvio. Pero Génesis 7:19-20 es la crónica inspirada de la *explicación que Dios ha dado, no la opinión de Noé.*[7] Este pasaje indica claramente que las mismas aguas que levantaron el Arca también cubrieron las montañas y que el Arca fue llevada por las aguas hasta que posó sobre "los montes de Ararat" (8:4). Una tormenta de nieve en las montañas no podría haber hecho esto. Además, Génesis 7:22-23 indica claramente que el propósito del Arca era salvar a ocho personas y a los animales de morir *ahogados*, no de hambre ni de congelación.

Frederick A. Filby dedica catorce páginas de su libro al estudio del Arca de Noé, e incluye mucho material bueno, así como también otras cosas que son pura especulación.[8] Pero no llega a demostrar realmente por qué se *necesitó* una estructura tan grande, si el Diluvio estuvo restringido a una sola región. Por un momento Filby realmente juega con la posibilidad de una catástrofe *global*: "Puede que exista la vaguísima sugerencia de que el cataclismo que causó el Diluvio era tan enorme que por un breve tiempo trastornó o amenazó la estabilidad de las mismas estaciones del año".[9] Además, "mientras todos están de acuerdo de que en el pasado los polos se han desviado lentamente, *ningún geólogo está dispuesto a admitir un cambio repentino de proporciones en el eje polar durante el período pleistoceno*. Sin embargo, las extrañas anécdotas de mamutes y cuevas de huesos, y las curiosas características de lagos y mares como el Caspio, el Aral y el Van, y las peculiaridades de los lagos en las alturas de los Andes, los enormes bosques destrozados y los restos de animales enterrados en las islas árticas así como *otros numerosos fenómenos similares diseminados por todo el mundo, hacen que uno se detenga a pensar*".[10] Pero la inexorable lealtad a los actuales conceptos populares de la geología uniformista[11] lo deja a Filby en un plano de "casi persuadido" y con una confesión que nos desilusiona: "En este momento es mejor tomar *el único camino razonable* y confesar que nosotros simplemente *no lo sabemos*. Dejamos la pregunta pendiente".[12] Al volver al punto de vista del Diluvio local el Dr. Filby por lo tanto deja sin contestar esa pregunta tan vital y persistente que no puede quedar en silencio: *¿Por qué razón Noé tuvo que construir un Arca?*

Sin embargo, Ronald Youngblood obviamente no está satisfecho con el agnosticismo. No ve ningún problema en que Noé haya construido un Arca enorme para escapar de un Diluvio local porque el Arca "era más que simplemente un navío con el cual salvar una inundación. Simplemente formaba una parte tan importante del testimonio de Noé a sus amigos y vecinos como sus propias palabras. Sirvió como una advertencia gráfica de que ellos podían elegir entre hacerle caso o ignorarla. Una emigración por parte de Noé y su familia [para escaparse del Diluvio local] no habría tenido el mismo efecto de persuación" (*How It All Began*, p. 132). Pero si dicha Arca no era realmente necesaria, ¿cómo podría la persona que lee la crónica de Génesis evitar la impresión de irrealidad, absurdo y hasta deshonestidad en todo el proyecto de construir el Arca?

Sin duda uno de los ejemplos más sorprendentes de la contradicción lógica y teológica de nuestros días es el rechazo de "la teoría del Diluvio universal de Morris y Whitcomb" por un teólogo evangélico que cree en la universalidad del Diluvio, defiende la infalibilidad de las Escrituras en debates públicos y realiza exploraciones más arriba de los 3.660 metros de altura en los montes de Ararat para descubrir los restos del Arca de Noé.[13] John Warwick Montgomery está convencido de que el evangelismo del mundo podría simplificarse considerablemente si se llegaran a descubrir los restos del Arca. "El valor misionero sería tremendo, aunque sólo fuera a nivel de proveer una base común para presentar el mensaje bíblico en forma general. Comenzando con la propia Turquía . . . la oportunidad de una movida discusión sobre el mensaje escritural con toda seguridad que acompañaría la noticia del descubrimiento por todas partes del mundo. Lo que es más, aquellos que se sientan conmovidos [por la historia del Arca] pueden experimentar un pre-evangelismo genuino".[14]

La contradicción bíblica y lógica de dicha posición debe hacerse evidente para la mayoría de los lectores. Encontrar los restos del Arca en los montes de Ararat supuestamente proveerá una base poderosa para el "pre-evangelismo". Pero la "teoría del Diluvio universal de Morris y Whitcomb", que encuentra en el registro fósil de nuestro planeta los efectos hidrodinámicamente predecibles del Diluvio global que colocó al Arca sobre Ararat, es repudiada despectivamente.

Montgomery exclama: "No podríamos aguantar la tensión de Ararat si los vientos de incredulidad en la autoridad de la Santa Palabra de Dios no nos impulsaran a hacer todo lo posible por confirmar su confiabilidad total".[15] Pero, ¿acaso la Biblia no es *enteramente confiable tal como la tenemos hoy*, por su claro testimonio de la universalidad geográfica del Diluvio y la realidad histórica del Arca de Noé? ¿Acaso nuestro Señor no explicó que "si no oyen a Moisés [quien escribió el relato del Diluvio y del Arca] y a los profetas, tampoco se persuadirán aunque alguno se levantare de los muertos" (Lucas 16:31)? Aquellos que ahora rechazan la autoridad de la Palabra de Dios, ¿la reconocerían de todo corazón si los restos del Arca llegaran a descubrirse? ¿Han producido una fe salvífica las reliquias de las tierras bíblicas *alguna vez?*

Pero, qué puede decirse del hecho de que Montgomery rechaza la "teoría del Diluvio universal de Morris y Whitcomb"? ¿Qué otra clase de "teoría del Diluvio universal" hay realmente disponible? Seguramente que no la "teoría de un diluvio tranquilo", que propone que una inundación reciente [es decir, desde que el hombre apareció en la tierra] que duró un año y cubrió las montañas no podría haber dejado efectos significativos en la corteza de nuestro planeta. Montgomery no puede mantener la credibilidad teológica ni científica al insistir en dicha clase de diluvio y al mismo tiempo ignorar sus efectos hidrodinámicos correspondientes.

Quizás el problema de Montgomery, que comparte con muchos otros científicos y teólogos cristianos de hoy en día, proviene de su adoctrinamiento en el enfoque uniformista de la historia de la tierra como un estudiante universitario recién convertido. Con respecto a un profesor cristiano del Centro Espacial de la Universidad de Cornell (quien aceptaba la cronología evolucionista de la historia cósmica), escribe: "Admito que tengo hacia él una predilección especialmente fuerte, puesto que fue influyente en mi conversión al cristianismo mientras [yo era] un revoltoso estudiante de filosofía en la Universidad de Cornell".[16]

Debe haber sido esta predilección singular lo que llevó a Montgomery a hacer una caricatura de *El Diluvio del Génesis* en vez de leer con cuidado los argumentos del libro:

> "El mundo fue creado en el año 4004 antes de Cristo, pero con evidencia de antigüedad radiocarbónica, evidencias fósiles, etc., que indican millones de años de previo desarrollo evolutivo". Esta afirmación, a la que Morris y Whitcomb han hecho tan popular en la actualidad en su libro conflictivo y antievolucionista, *El Diluvio del Génesis*, es algo que no tiene sentido. ¿Por qué? Porque excluye toda posibilidad de prueba . . . Es más, dicha afirmación es compatible con una cantidad infinita de aseveraciones paralelas, tales como "El mundo fue creado hace diez años (o hace diez minutos) con historia que forma parte integral de su estructura".[17]

Esta declaración constituye un serio disparate en la erudición evangélica. Hasta una lectura somera de *El Diluvio del Génesis* no nos revela ninguna de estas posiciones. Los autores estarían en completo acuerdo con Montgomery de que cualquier punto de vista de la creación que establezca que el mundo fue creado hace diez años sería, como es lógico, algo sin sentido dado que tal proposición es *claramente negada en las Escrituras* (que puede y ha resistido la prueba rigurosa de la verificación objetiva), puesto que requiere un mundo que ha sido creado *por lo menos* hace seis mil años.[18] Además, teniendo en cuenta las indicaciones escriturales en cuanto a las brechas en las genealogías de Génesis 5 y 11 (cuidadosamente explicadas en el último capítulo de *El Diluvio del Génesis*), los autores creen que la Creación tuvo lugar miles (pero no decenas de miles) de años *antes* de 4004 antes de Cristo. Más importante aún, el libro asegura en repetidas ocasiones que los fósiles en la corteza terrestre, lejos de haber sido creados *in situ*, son el resultado de catástrofes, especialmente de millones de complicadas corrientes que se arremolinaron sobre la tierra durante el largo año del Diluvio descrito en Génesis 6—9.

La razón por la que la posición expuesta en *El Diluvio del Génesis* no está "sin sentido analítico" (para usar la expresión de Montgomery)[19] es que se puede verificar en la infalible Escritura, la cual enseña que el Diluvio no sólo *cubrió* toda la Tierra y sus montañas, sino que también *destruyó* la tierra (cp. Génesis 6:13; 2 Pedro 3:6). Este punto de vista también puede verificarse hidrodinámica y paleontológicamente en los estratos fosilíferos increíblemente vastos de cada continente, que exigen una interpretación catastrófica más bien que una interpretación uniformista.[20] Asimismo, hay una gran variedad de evidencias científicas impresionantes a favor de una creación relativamente reciente de la tierra.[21] Los autores *no* apelan a la idea de la "evidencia de la antigüedad radiocarbónica incorporada" para armonizar Escritura con ciencia, como puede verse al cotejar las referencias de antigüedad radiocarbónica en el índice.

Para resumir lo antedicho, la necesidad de un Arca que salvara a las criaturas con aliento de vida durante el Diluvio es algo absolutamente devastador a cualquier posición comprometedora en relación con el alcance del Diluvio. Si sólo una pequeñísima parte de la tierra se hubiera salvado del Diluvio, el Arca no habría sido necesaria de ninguna manera. Sostener que arriba del nivel de los 3.660 metros en los montes de Ararat probablemente haya restos del Arca, afirmando a la vez que fueron puestos allí por un Diluvio que no transformó de manera significativa la corteza terrestre, es pretender lo imposible. La única solución valedera es creer en lo que dicen las Escrituras: que el Diluvio cubrió toda la tierra, y cambió profundamente su corteza y clima.

La destrucción total de una raza humana ampliamente diseminada

Desde el mismo comienzo de la controversia moderna del Diluvio, hace más de 160 años, ha habido muy pocos problemas entre los eruditos evangélicos conservadores en cuanto a la destrucción total de la raza humana por el Diluvio.[22] Hay cuatro razones básicas para este consenso general:

Primero, el Diluvio debe haber destruido a toda la raza humana que estaba fuera del Arca ya que las Escrituras manifiestan que el propósito del Diluvio era exterminar a toda la humanidad pecadora y degenerada, y este objetivo no se hubiera podido lograr destruyendo sólo una parte de los seres humanos (Génesis 6:5-7, 11-13).

Segundo, varias veces se repite que Noé y su familia fueron los *únicos* que se salvaron del juicio de las aguas (Génesis 6:8-9, 17-18; 7:1; 1 Pedro 3:20; 2 Pedro 2:5).

Tercero, el Señor Jesucristo manifestó que el Diluvio destruyó a *todos* los hombres exceptuando a Noé y su familia, así como el fuego destruyó a *todos* los sodomitas exceptuando a la familia de Lot (Lucas 17:26-30; cp. Mateo 24:39).

Cuarto, sin duda alguna el pacto del arco iris en Génesis 9 es para toda la raza humana; pero las Escrituras declaran repetidas veces que Dios hizo este pacto con Noé y sus hijos. Por lo tanto, toda la humanidad ha descendido de la familia de Noé, ya que el Diluvio destruyó a todos los hombres antediluvianos.

Los que admiten el tremendo peso del testimonio bíblico en cuanto a la destrucción de todo ser humano fuera del Arca y, sin embargo, no quieren admitir que el Diluvio fue geográficamente universal, generalmente opinan que los hombres no se diseminaron más allá de los límites de la Mesopotamia durante el período entre Adán y Noé. Pero estamos convencidos de que dicha posición no se puede defender con éxito por lo menos por cuatro razones.

En primer lugar, la extraordinaria longevidad y fecundidad de los antediluvianos hace suponer un rápido aumento en la población durante el *mínimo* de 1.656 años que transcurrieron entre Adán y el Diluvio.[23] En segundo lugar, la preponderancia de rivalidad y violencia entre los hombres antes del Diluvio sugiere una amplia distribución de los pueblos y no el que estuvieran limitados a una sola localidad. La historia de las tribus indígenas de Norteamérica ilustra claramente este punto. Dos veces se confirma esta idea en un mismo capítulo de la Biblia: "Y estaba la tierra llena de violencia" (Génesis 6:11,13). Estos versículos no sólo afirman que había violencia sobre la tierra sino que

El océano: El instrumento de Dios para el juicio global

Más del 70 por ciento de la superficie del mundo está cubierta de agua, haciendo que el planeta Tierra sea el único en su género en relación con el resto del universo que conocemos, donde toda la materia consiste en gases encendidos o en sólidos congelados. En algunos lugares el océano es mucho más profundo (10.900 metros en una parte del oeste del Pacífico) que la montaña más alta. Los mares contienen alrededor de 1.370 millones de kilómetros cúbicos de agua. Esto es suficiente como "para llenar un tubo vertical de 120 km de diámetro y 112.000 km de altura, lo cual es aproximadamente una tercera parte de la distancia entre la tierra y la luna"(Leonard Engel: *The Sea*; Nueva York: TIME Incorporated, 1961, p. 11).

Si la superficie de la tierra pudiera allanarse completamente, sería cubierta totalmente por una capa de agua de unos 3.650 metros de espesor. Por lo tanto, cuando leemos que "las fuentes del grande abismo" fueron rotas en la fase inicial del año del Diluvio (Génesis 7:11), de forma tal que las cuencas oceánicas empujaron sus aguas por encima de las montañas más altas de los continentes en un lapso de seis semanas, tenemos una clara indicación de que las montañas más altas que había antes del Diluvio eran mucho más bajas que las que tenemos ahora en nuestro mundo actual. No hay forma en que podamos saber la altura que "sobre los montes estaban las aguas"(Salmo 104:6), pero debe haber sido *por lo menos* 15 codos (6,75 m) a fin de que el Arca de Noé, al hundirse en el agua hasta aproximadamente la mitad de su altura de 30 codos, pudiera mantenerse protegida de la destrucción durante los meses que flotaba en el océano sin costas (Génesis 7:20).

El océano no servirá nunca más como un instrumento de Dios para un juicio global. El pacto del arco iris de Génesis 9 es la garantía que Él le da a la raza humana. Pero esto sirve de advertencia clara para al hombre orgulloso e indiferente de que Dios —y no el hombre— es soberano en el mundo. El hecho de que la voz de Dios una vez tronó "sobre las muchas aguas" mientras "Jehová reside como Rey en el Diluvio", es una advertencia suficiente a la raza humana para "dar a Jehová la gloria y el poder . . . debido a su nombre", pues "se sienta Jehová como Rey para siempre" (Salmo 29:1-3, 10).

la *tierra estaba llena de violencia.* En tercer lugar, la evidencia de fósiles humanos esparcidos en muchas áreas de la tierra, algunos de los cuales bien podrían haber sido antediluvianos, hace aún más difícil la idea de que el hombre no emigró más allá del valle de la Mesopotamia antes del Diluvio.[24] Y por último, "los hombres no habrían necesitado esparcirse muy lejos antes de que *algunos* hubieran ocupado tierras altas, necesitando de hecho un Diluvio de considerable profundidad y, por lógica, de alcance global".[25]

El testimonio del apóstol Pedro

Uno de los pasajes más importantes de la Biblia que relata la magnitud del Diluvio se encuentra en 2 Pedro 3:3-7:

> . . . sabiendo primero esto, que en los postreros días vendrán burladores, andando según sus propias concupiscencias, y diciendo: ¿Dónde está la promesa de su advenimiento? Porque desde el día en que los padres durmieron, todas las cosas permanecen así como desde el principio de la creación. Estos ignoran voluntariamente, que en el tiempo antiguo fueron hechos por la palabra de Dios los cielos, y también la tierra, que proviene del agua y por el agua subsiste, por lo cual el mundo de entonces pereció anegado en agua; pero los cielos y la tierra que existen ahora, están reservados por la misma palabra, guardados para el fuego en el día del juicio y de la perdición de los hombres impíos.

En este pasaje de las Escrituras, el apóstol Pedro habla de un día que, desde su punto de vista, estaba en un futuro lejano, cuando el hombre ya no pensaría con seriedad en la segunda venida del Señor como una intervención cataclísmica y universal de Dios en el curso de la historia mundial. Y la razón para esta actitud de escepticismo no sería otra cosa que una ciega adhesión a la *doctrina del uniformismo total*: doctrina que sostiene que *las leyes y procesos naturales nunca se interrumpieron a fin de lograr una destrucción total de la civilización humana a través de una intervención directa de Dios.* Y (según se nos dice) como esto no ha sucedido en la historia pasada, no hay por qué pensar de que va a suceder en el futuro.

Contestando a estos escépticos de los postreros tiempos, Pedro señala dos acontecimientos en el pasado que no pueden ser explicados basándose en el uniformismo. El primero de estos acontecimientos fue la creación del mundo: "en el tiempo antiguo fueron hechos por la palabra de Dios los cielos, y también *la* tierra", y el segundo acontecimiento fue el Diluvio: "el mundo [*kosmos*] de entonces pereció [*apoleto*] anegado en agua".

Pero fue el segundo de estos acontecimientos, es decir el Diluvio, que le sirvió de base a Pedro para comparar la Segunda Venida con la destrucción final del mundo, pues así como "el mundo de entonces pereció" por *agua*, así también los cielos y la tierra que existen ahora" han sido "guardados para el *fuego* en el día del juicio y de la perdición de los hombres impíos".

Ahora consideremos lo que implica este pasaje en relación con el alcance geográfico del Diluvio. Al hablar de los acontecimientos del segundo y tercer días de la creación, Pedro usa en un sentido que es obviamente universal los términos "en el tiempo antiguo . . . los cielos, y también la tierra". De la misma manera nadie puede negar que Pedro usó los términos "los cielos y la tierra que existen ahora" en el sentido estrictamente universal. De lo contrario habría estado hablando de la creación y de la destrucción final de sólo una parte del mundo.

El único acontecimiento que Pedro establece como algo que ha logrado una transformación, no sólo del mundo sino también de los mismos cielos, es el Diluvio. En la mente del apóstol Pedro el Diluvio fue la línea de demarcación entre "los cielos del tiempo antiguo" y "los cielos que existen ahora". Fue el Diluvio que utilizó los inmensos océanos de agua de los cuales y en medio de los cuales la antigua tierra fue "formada", para la destrucción completa del *kosmos* "de entonces". Pedro apeló al Diluvio en su última e incontrovertible contestación a quienes escogían voluntariamente quedar en la ignorancia de que Dios, *en una ocasión* en el pasado, demostró su santa ira y omnipotencia, sometiendo "todas las cosas" a una tremenda catástrofe cósmica que estaba completamente a la par con el día del juicio final, cuando Dios todavía consumirá la tierra con fuego y hará que todos los elementos ardiendo sean deshechos (2 Pedro 3:10).

Si el Diluvio estuvo restringido a la región de la Mesopotamia (o aún más allá de ella)[26] es difícil comprender de qué manera lo que dice Pedro en cuanto al Diluvio tendría algún valor para contradecir la doctrina del uniformismo total, que da por sentado que "todas las cosas" hasta ahora nunca han sido trastornadas por un cataclismo sobrenatural y universal. Ni tampoco es fácil disculpar a Pedro de ser exagerado e incorrecto cuando describe el Diluvio en términos cósmicos y en un contexto tan categóricamente universal, si sólo fue una inundación local.

A la luz de lo antedicho, suenan muy extrañas las palabras de Derek Kidner, destacado defensor británico de la teoría del Diluvio local:

> . . . debiéramos ser cuidadosos en leer el relato [del Diluvio] en sus propios terminos, que describen un juicio *total* sobre el mundo impío puesto ya delante de nosotros en Génesis; no un acontecimiento de dimensiones discutibles en un mundo que podemos tratar de reconstruir. Toda la escena viviente está borrada, y así el Nuevo Testamento nos enseña el juicio mayor que le espera no sólo a todo nuestro globo, sino al universo mismo (2 Pedro 3:5-7).[27]

Si el "Nuevo Testamento nos enseña", por el relato del Diluvio de Génesis, que el juicio venidero involucrará "no sólo a todo nuestro globo terrestre, sino al mismo universo", debemos preguntarnos: ¿Cómo podemos aprender esta lección de un Diluvio que sólo era local en su extensión?

Es aquí donde el tercer capítulo de 2 Pedro nos da un apoyo neotestamentario a favor de la universalidad geográfica del Diluvio. Cualquier cosa que sea menos que una catástrofe de tales proporciones trastornaría toda la fuerza del argumento del apóstol Pedro y estimularía muchísimo a los que enseñan lo que él tan claramente condena.

El problema de los términos universales

Los defensores de un Diluvio limitado a menudo sostienen que términos tales como "todos" y "todo" no siempre deben entenderse en el sentido estrictamente universal. Por ejemplo, cuando leemos en Génesis 41:47, "Y de *toda* la tierra venían a Egipto para comprar de José" no significa necesariamente que los representantes de Sud América y Australia estaban entre los que venían a Egipto. Por lo tanto, cuando en Génesis 7:19 leemos que "*todos* los montes altos que había debajo de *todos* los cielos, fueron cubiertos", y que "*todo* lo que tenía aliento de espíritu de vida en sus narices, *todo* lo que había en la tierra, murió" (v. 22), tenemos la libertad de interpretar estos términos universales en un sentido limitado y, por lo tanto, estamos justificados, desde un punto de vista bíblico, en sostener que el Diluvio fue geográficamente local.

Si bien este argumento parece ser lógico, hay varias razones que lo hacen insostenible. En primer lugar, la gran mayoría de los pasajes bíblicos donde se usan estos términos exige el uso universal. Por ejemplo, Jesús dijo a sus discípulos: "*Toda* potestad me es dada en los cielos y la tierra, por tanto id y haced discípulos a *todas* las naciones. . . enseñándoles que guarden *todas* las cosas que os he mandado" (Mateo 28:18-20). La Biblia contiene muchas de estas declaraciones que pierden su significado si se las interpreta en forma limitada.

Esto nos lleva a nuestra segunda observación. La única forma posible de determinar el sentido en que estos términos ambiguos han de ser entendidos es examinar el *contexto* inmediato y general en el que se usa. Por lo tanto, examinemos el *contexto* bíblico de la crónica del Diluvio en Génesis 6-9. El libro de Génesis está claramente dividido en dos partes principales: (1) Los capítulos 1 al 11 tratan de los orígenes *universales* (el universo material, las plantas, los animales, los seres humanos, el pecado, la redención y las naciones de la tierra); (2) los capítulos 12 al 50, por otra parte, se concentran en el origen *particular* de la nación hebrea y sus tribus, mencionando otras naciones sólo cuando éstas tienen algo que ver con Israel. Al comparar esto se simplifica el problema de la extensión del Diluvio pues la crónica bíblica de esta catástrofe ocupa *tres capítulos y medio* entre los once primeros capítulos que hablan de los orígenes universales, mientras que sólo dos capítulos están dedicados a la creación de todas las cosas.

Por consiguiente, desde una perspectiva meramente literal e histórica, al leer el relato del Diluvio en Génesis 6—9, estamos perfectamente justificados en deducir que la *catástrofe fue mundial en sus proporciones*. Y si estamos dispuestos a tomar las Escrituras con una mente acondicionada a las perspectivas que la Palabra de Dios mismo nos da, sin ser afectados por presuposiciones uniformistas, no nos sorprendería descubrir que el gran número de superlativos hebreos que se usan para describir la magnitud del Diluvio, es enteramente proporcional al espacio que se les asigna en los primeros once capítulos del libro de Génesis.

Nuestra tercera observación es que los términos universales usados en Génesis 6—9 no pueden ser entendidos en un sentido limitado, pues *los fenómenos físicos* descritos en estos capítulos serían completamente increíbles si el Diluvio se hubiera limitado al valle mesopotámico o aun al Cercano Oriente. Si bien es posible que siete años de hambre podrían afectar a todo el Cercano Oriente sin necesidad de llegar a Sud América (cp. Génesis 41:57), *no* sería posible que el agua cubriera las montañas del Cercano Oriente, aunque fuera sólo por una semana, sin causar desastres en Sud América también.

Por lo tanto, debemos estar de acuerdo en que las palabras "todo" y "todos" deben entenderse a la luz de su contexto, y lejos de refutar la universalidad geográfica del Diluvio, *este principio hermenéutico en realidad la establece*. Es inútil hablar francamente del Diluvio como algo "universal sólo en relación al área, las observaciones y la información que da el narrador".[28] No hay nada en todo el pasaje de Génesis 6—9 que indique que Noé estaba dando su impresión personal en cuanto al Diluvio. Por el contrario, todo es visto desde el punto de vista de Dios. Noé no habla una sola palabra en todo el relato hasta casi el final del capítulo nueve, cuando *Dios* pone en sus labios la extraordinaria profecía en cuanto a sus tres hijos. Uno podría argumentar con cierta razón, que la narración de la creación en Génesis 1 sólo se aplica a una parte de la tierra, dada la experiencia limitada de Adán. Por lo tanto, cuando Frederick Filby dice: " ¿Cuál era, en realidad, la 'tierra' que Noé conocía entonces?"[29] contestamos preguntando: ¿Cuál era la "tierra" que Adán y Eva conocieron cuando Dios les dijo: "Fructificad y multiplicaos, llenad *la tierra* y sojuzgadla; y señoread . . . en todo . . . lo que se mueve sobre *la tierra*" (Génesis 1:28)? Es obvio que el verdadero sentido de las declaraciones y mandamientos de Dios no pueden ser limitados por la ignorancia de los primeros que le oyeron hablar.

Supongamos, para usar un argumento, que las montañas eran tan altas antes del Diluvio como lo son ahora (suposición que caracteriza la teoría del Diluvio local), ¿qué podemos decir entonces en cuanto a la idea de que las observaciones y la información geográfica que tenía Noé se limitaban al valle mesopotámico? Si era una persona de inteligencia normal, Noé habría adquirido, durante los *seiscientos años* que vivió antes del Diluvio, bastante conocimiento geográfico y topográfico de su propio continente, Asia, donde se encuentran las montañas más altas del mundo. Suponiendo nuevamente que Noé fuera el narrador de todo el relato del Diluvio (sin la ayuda de una revelación sobrenatural en cuanto a la verdadera magnitud del Diluvio), ¿podría haber desconocido hasta tal punto la topografía del sudeste de Asia como para pensar que las aguas cubrieron *todos los montes altos que había debajo de todos los cielos* (Génesis 7:19) cuando, en realidad, sólo cubrieron unas cuantas colinas?

Filby y otros han negado que la expresión "debajo de todos los cielos" en Génesis 7:19 debe interpretarse en un sentido absolutamente universal porque hay otros pasajes donde se usan así. Por ejemplo, debe interpretarse en un sentido limitado en Deuteronomio 2:25 ("los pueblos debajo de todo el cielo") porque Moisés lo limita diciendo "los pueblos debajo de todo el cielo, *los cuales oirán tu fama*". En un pasaje paralelo en Deuteronomio 11:25, Moises disminuye aún más el límite de esta expresión para que signifique *"toda la tierra que pisares"*.[30]

Pero este es exactamente el punto que hemos estado recalcando.

Cuando el contexto limita el sentido de los términos universales, éstos *no* deben interpretarse en un sentido universal categórico. Cuando el contexto no limita el significado de tales términos, *casi siempre* deben entenderse en el sentido absoluto. Cuando el contexto *exige* un ámbito mundial como se ha demostrado en el caso del pasaje de Génesis 6-9, el rechazar este hecho implica claramente una actitud de incredulidad.

Después de considerar la ambigüedad de tales términos como "tierra" (*'eretz*) y "suelo" (*'adamah*), Gleason L. Archer, Jr., termina diciendo:

> Pero la frase "debajo de todos los cielos" en Génesis 7:19 no puede ser descartada. Se duda que en cualquiera otra parte de la Escritura hebrea, esta expresión "de todos los cielos" pueda interpretarse como una mera región geográfica. Esta es la razón por la cual los más cuidadosos exégetas, como Franz Delitzsch en el siglo pasado, y más recientemente H. C. Leupold, no han concedido la posibilidad exegética de interpretar Génesis 7 como la descripción de un diluvio meramente local . . . Suponer que el agua llegó en Armenia a un nivel de 5.185 metros, y simultáneamente la localidad de Auvergne, en Francia, no fue inundada, sería proponer un milagro más increíble que el involucrado en la interpretación tradicional de un diluvio universal.[31]

Con toda seguridad de que una de las acusaciones más graves que se hacen a la teoría de la "observación e información limitadas" del Diluvio es que reduce las afirmaciones históricas de la Biblia a un mero nivel de opinión humana falible. Se nos dice que el panorama mundial de los escritores de la Biblia debe considerarse desde el punto de vista de su "medio ambiente cultural", lo cual es una forma refinada de decir que no siempre podemos depender de las afirmaciones que ellos hacen. Al hablar de este y otros métodos sutiles de socavar las claras afirmaciones de las Escrituras, J. Barton Payne comenta:

> En recientes publicaciones de orientación conservadora, los principios del *usus loquendi,* de la normatividad y de la revelación progresiva, parecen haber cambiado de función, desde la de una radiografía para exponer el significado de la Escritura hasta la de una capa para evitarlo. Por ejemplo, con referencia al alcance del Diluvio, Bernard Ramm ha llegado a la conclusión de que cuando se lo interpreta como un "fenómeno" y de acuerdo con la cultura del narrador, el Diluvio puede explicarse diciendo que cubrió sólo esa parte de la superficie terrestre que le fue dado ver al cronista. Pero que el principio del *usus loquendi* no es la verdadera base para esta clase de interpretación se ve en el resumen que hace el propio Ramm: "El diluvio es local, aunque se hable del mismo en términos universales y, por lo tanto, la destrucción del hombre es local, aunque se hable de ella en términos universales". En otras palabras, el relato da la idea de una catástrofe universal; pero una conclusión racional desaprueba la posibilidad de un diluvio mundial. Por lo tanto, se deja a las reglas de la hermenéutica el pasar por alto las palabras inaceptables.[32]

Es interesante notar que el teólogo neo-ortodoxo Ralph H. Elliot apela a los argumentos de Ramm para abrogar su propia opinión de que "el Diluvio fue considerado en términos universales porque en su significado religioso era también universal".[33] Por lo tanto, en típico estilo neo-ortodoxo, los primeros capítulos de Génesis son sacados de su contexto histórico y llevados al reino imaginario del *Heilsgeschichte* o "mito religioso".

Conclusión

Con una extraordinaria lista de evidencias, la Biblia hace ver la universalidad geográfica del diluvio. La profundidad y duración de la inundación, la necesidad de un Arca gigantesca que permitiera la supervivencia de seres terrestres, el propósito establecido de la destrucción de la raza humana ampliamente diseminada, y el testimonio del apóstol Pedro, establecen sin lugar a dudas, el fundamento exegético de esta doctrina bíblica. Los términos universales usados en la Biblia para describir esta catástrofe exigen un Diluvio mundial.

Seguramente que muchos estudiantes evangélicos continúan permitiendo que el concepto uniformista de la historia del mundo siga dominando sus interpretaciones de Génesis 6—9.[34] Sin embargo, debe recalcarse también que hay un gran número de científicos que *han* determinado permitir que la Palabra de Dios sea su guía en esta área de investigación tan tremendamente importante. Por ejemplo, la Creation Research Society [Sociedad de investigación sobre creación], que se fundó en 1963 y que afirma que ya cuenta con varios centenares de socios con títulos avanzados en ciencias naturales, ha puesto en un lugar prominente de su Declaración de Fe estas palabras: "El Gran Diluvio descrito en Génesis, conocido comúnmente como el Diluvio de Noé, fue un acontecimiento histórico, mundial en su extensión y resultados".[35]

Nuestra responsabilidad primordial como fieles estudiantes de la Palabra de Dios, no es manipular y amoldar sus declaraciones a un sistema de teorías científicas contemporáneas, sino, más bien, descubrir exactamente lo que Dios ha juzgado conveniente revelarnos en cuanto a la historia pasada de este planeta y de sus habitantes. Si esto llega a ser nuestra creciente pasión y meta, al final no vamos a quedar desilusionados, ni como científicos ni como teólogos.

3

Los efectos del Diluvio pueden verse en la actualidad

Aparte de una intervención sobrenatural por parte de Dios, no hubiera podido ocurrir una inundación que cubriera las montañas y fuese de alcance global durante un año entero. En un despliegue maravilloso del poder de Dios, se rompieron las fuentes del grande abismo y se abrieron las cataratas de los cielos. Otros milagros causaron el hundimiento repentino de las cuencas oceánicas y la correspondiente elevación de los continentes y cadenas de montañas para poner fin al Diluvio.

El Diluvio y los procesos naturales

Es importante notar, por otra parte, que no todos los aspectos del Diluvio fueron obra de milagros. Por ejemplo, Dios no hizo un Arca para Noé. En armonía con toda la norma de la Escritura, Dios usó y dirigió sustancias materiales, procesos naturales y talentos humanos entonces disponibles para llevar a cabo su propósito especial. Teniendo Noé la capacidad para construir un Arca, dadas las instrucciones adecuadas y el tiempo para hacerla, Dios rehusó hacerla, a pesar del hecho de que un arca hecha por Dios hubiera sido indudablemente perfecta desde todo punto de vista y, por lo tanto, más confortable para sus ocupantes.

De la misma manera, el Señor Jesucristo rehusó usar el poder de Dios para remover la enorme piedra de la entrada de la tumba de Lázaro, o aun para quitarle las ropas sepulcrales que envolvían su cuerpo. Los que estaban presentes eran perfectamente capaces de llevar a cabo estas tareas. Pero lo que les fue absolutamente imposible hacer, Jesús lo hizo, cuando mandó que Lázaro saliera de la tumba. Este ejemplo ocurre tantas veces en la Biblia que hasta podríamos afirmarlo como un principio: Dios rehúsa *hacer un milagro* cuando el hombre o los procesos naturales pueden llevarlo a cabo bajo su *dirección providencial.* Dios mantiene una determinada *economía de milagros.* De otra manera los milagros serían cosa común y perderían su singularidad y significado.

Cuando aplicamos este principio al Diluvio, surge algo que es interesante y a la vez importante. Aparte de los milagros específicos mencionados en las Escrituras, que fueron necesarios para comenzar y terminar este período de juicio mundial, el Diluvio cumplió la tarea de destrucción *mediante procesos puramente naturales* que, hasta cierto punto, pueden estudiarse en los laboratorios hidráulicos y en una inundación local hoy en día. En otras palabras, cuando las enormes masas de agua fueron libradas del cielo y elevadas desde las profundidades del océano, y comenzaron a cubrir los continentes, *obedecieron a todas las leyes conocidas de la hidrodinámica.* No había nada sobrenatural en cuanto a la velocidad y dirección del movimiento o los efectos erosionales producidos por las aguas torrenciales. Si hubiera habido algo sobrenatural, las Escrituras lo hubieran indicado. Así como las aguas del Jordán, apiladas cerca de Saretán, se "volvieron a su lugar, corriendo como antes sobre todos sus bordes" (Josué 4:18) al ser libradas de una manera sobrenatural, así también en los días de Noé la gravitación y otras fuerzas naturales, actuando sobre las masas de agua que se habían librado en forma sobrenatural, las movieron de aquí para allá sobre la faz de la tierra durante el año del Diluvio.

Este principio es importante porque siempre ha habido aquellos que tratan de resolver el conflicto entre Génesis y la geología uniformista multiplicando los milagros del Diluvio. Para mantener el Diluvio a un alcance local y hacerlo "científicamente razonable", se ha sugerido que las montañas del Cercano Oriente se hundieron hasta quedar debajo del nivel del mar durante cuarenta días para que el Diluvio pudiera cubrir dichas montañas y así no afectar al resto del mundo.[1] Otra forma sería cubrir esas montañas con agua pero limitar el Diluvio a una región por medio de una enorme pared invisible. O, si el Diluvio fue realmente universal, tal vez Dios hizo que sus movimientos fueran tan suaves y tranquilos que no perturbó ni la topografía ni destruyó los árboles.[2]

Tales teorías son ciertamente espectaculares por su inventiva y por la manera tan natural en que hacen "armonizar" el Génesis de Moisés con la geología de Lyell;[3] pero son completamente antibíblicas. Cuando las Escrituras nos dicen que el Diluvio cubrió "todos los montes altos que había *debajo de todos los cielos*" y que todo ser viviente fue destruido "con la tierra" (Génesis 6:13), *tenemos que estar preparados para encontrar efectos geológicos de alcance mundial de esta catástrofe ácuea.*

El poder destructor de las aguas en movimiento

Desde los días de Noé, el hombre ha tenido un pavoroso miedo a las inundaciones. Nada puede compararse al terror y la sensación de impotencia que las personas experimentan frente a grandes masas de agua sin control. Nunca se olvidará lo que sucedió en Johnstown, Pensilvania, en 1889, cuando unas 20 millones de toneladas de agua provenientes del Lago Conemaugh, barrieron la ciudad y 2.200 personas murieron.[4] Las crecidas, en 1937, de los ríos Ohio y Misisipí mataron a 400 personas, dejando 1.000.000 de habitantes sin hogar y destruyendo propiedades por valor de US$500.000.000.

En Sud América, en mayo de 1970, una avalancha de agua, rocas y lodo, precipitándose a una velocidad de 160 km por hora por las laderas de los Andes, enterró totalmente a las ciudades peruanas de Yungay y Ranrahirca con sus 14 mil habitantes.[5] Seis meses más tarde, en el otro lado del mundo, "una horrenda ola de 7 metros y medio de alto, empujada por vientos de 160 a 240 km por hora, allanó la Bahía de Bengal y aniquiló, en el silencio de la noche, las poblaciones de las llanuras del delta del río Ganges-Brahmaputra. La muerte y destrucción que esto causó fue uno de los desastres más grandes que el mundo ha conocido. Islas enteras desaparecieron. Familias y villas fueron barridas instantáneamente por el paredón de agua . . . Los datos más verídicos que se conocen estiman que murió *medio millón* de personas, pero esta cifra podría llegar al millón. Y en un radio de 4.800 km cuadrados, 3.500.000 personas quedaron sin hogar".[6]

Se ha sabido de crecidas fluviales en tiempos más recientes que han llevado consigo cantos rodados que pesaban cientos de toneladas, por grandes distancias, en cosa de pocas horas, cavando profundas quebradas y destruyendo bosques por completo. Una sola crecida breve en las montañas de San Gabriel, cerca de Los Angeles, erosionó y volvió a depositar unos 76.000 metros cúbicos de escombros de cada dos kilómetros y medio de la cuenca hidrográfica.[7] "En Cherburgo, Francia, una escollera estaba hecha con enormes rocas, encima de la cual había un paredón de seis metros de alto. Olas embravecidas arrojaron rocas de más de 3.000 kilos por encima del paredón y movieron 65 toneladas de enormes bloques de hormigón hasta una distancia de 1.800 metros".[8]

Si las inundaciones locales logran hacer tanta destrucción en nuestro mundo moderno, ¿qué podemos decir de una inundación tan gigantesca que *se elevó por encima de las montañas más altas y cubrió el mundo entero durante 22 semanas antes de que comenzaran a bajar sus aguas?* Es evidente que todo objeto movible habrá sido arrastrado de su lugar, y la corteza terrestre nunca volvió a ser la misma de antes. El aceptar la autoridad y autenticidad histórica de la crónica bíblica y el reconocer la tremenda potencia de masas de agua sin control, hace imposible que podamos tomar con seriedad una teoría que habla de un "Diluvio Tranquilo". O el libro de Génesis con su catastrofismo global sobrenatural o la geología uniformista con su tranquilismo esencial deben establecer la pauta en cuanto a lo que debemos pensar sobre la historia del mundo, porque ambos puntos de vista no pueden aceptarse simultáneamente en un universo racional.[9]

No es de sorprender entonces, que Sir Charles Lyell (1799-1873), a quien Darwin llamó el "líder de los uniformistas", estuviera vehementemente opuesto al libro de Génesis. Hubiera querido expulsar a los hombres "fuera de la crónica de Moisés". Recalcó que el Diluvio de Moisés, en particular, había sido "una pesadilla para la ciencia de la geología".[10] Charles Lyell era un teísta y, al igual que él, muchos otros científicos que se llaman cristianos, no han estado contentos con los primeros capítulos de Génesis. Esto, por cierto, es trágico, pues el Señor Jesucristo recalcó la autoridad divina del primer libro de la Biblia y en varias ocasiones se refirió a los primeros capítulos como historia verídica (Mateo 19:4; Lucas 17:29, 32). En realidad, se refirió específicamente al Diluvio como a un juicio sobrenatural que destruyó a todos los que no estaban en el Arca y usó esto como una analogía del juicio final del mundo (Mateo 24:39; Lucas 17:26-30). *¿Cómo puede uno llamarse cristiano y al mismo tiempo dudar lo que ha dicho el Señor Jesucristo?*

Los efectos estratigráficos del Diluvio

Aquellos que niegan que haya alguna evidencia geológica de un Diluvio universal aparentemente no conocen cuáles pueden ser los resultados de tal inundación. Si nos persuadimos de que una inundación mundial produciría pilas caóticas de materiales mezclados de toda forma y tamaño, esparcidos aquí y allá sobre la superficie de la tierra, entonces no es de sorprender que no encontremos evidencias

La potencia destructora de las crecidas fluviales

"La asombrosa potencia que ejercen las torrentosas aguas de crecida, tanto en la erosión como en el transporte de materiales, raras veces puede apreciarse totalmente, aún en la actualidad" (Cyril S. Fox, *Water,* Nueva York, Philosophical Library, 1953, p. xiv). Cuando los ríos experimentan crecidas, por lo general erosionan sus lechos hasta tremendas profundidades, llevando vastas cantidades de sedimento en suspensión o a lo largo de sus cauces, para depositarlos nuevamente aguas abajo cuando disminuye la crecida.

"Cuando el río Colorado estaba en crecida, actuaba sobre la roca sólida de su lecho hasta una profundidad de más de 36 metros desde el nivel superior de las aguas de inundación . . . podía barrer con gran fuerza más de 35 metros de detritos de relave. Sin estas pruebas, pocos serían los ingenieros que se inclinarían a creer que el atarquinamiento sigue a los movimientos de la arena hasta profundidades de 15 y 30 metros por debajo del nivel del lecho normal cada vez que hay una gran inundación"(*ibid.,* p. 111).

Si esta clase de actividad ocurre durante crecidas localizadas en la actualidad, qué tremendas deben haber sido las cantidades de sedimento erosionado y transportado que se habrán experimentado *cuando la lluvia cayó sobre toda la tierra durante por lo menos cuarenta días sin parar, y las fuentes del grande abismo fueron rotas continuamente durante cinco meses* (véase *El Diluvio del Génesis,* de Whitcomb y Morris, pp. 424-433).

El Gran Cañón del Colorado

Las expectaculares exposiciones de rocas sedimentarias horizontales, como las del Gran Cañón del Colorado, proveen amplia evidencia visible de los depósitos sedimentarios del Diluvio. En esta zona hay miles de kilómetros de estratos horizontales de centenares de metros de profundidad, que se supone que fueron depositados allí hace más de cincuenta mil millones de años. Los estratos incluyen piedra caliza, esquistos y piedra arenisca. Según el concepto uniformista, deben haber ocurrido numerosos cambios en el medio ambiente, con grandes hundimientos y levantamientos regionales; pero esto parece ser algo completamente imposible. Los estratos simplemente *no* podrían haber permanecido casi tan uniformes y horizontales en una área tan enorme durante períodos de tiempo tan largos y a la vez sufrir repetidos movimientos sísmicos. La forma más razonable de explicar esto es en términos de una deposición relativamente rápida de sedimentos, producida por las aguas del Diluvio. Después del Diluvio, mientras las rocas todavía estaban algo blandas y sin consolidarse, se formó el cauce del Gran Cañón por las aguas que con gran fuerza bajaban de las recientes elevaciones hacia las nuevas y enormes cuencas de los océanos (*El Diluvio del Génesis*, de Whitcomb y Morris, pp. 269-271).

"El simple *hecho* de la gran cantidad de paraconformidades que se encuentran en el Cañón del Colorado es fuerte evidencia a favor de una deposición de *corto plazo*. Si estos estratos diferentes están separados por muchos millones de años, ¿cómo explican los evolucionistas la anomalía de un río (el Colorado) que tarda sólo unos cuantos millones de años en cortar a través de unos 2.500 metros de sedimentos que supuestamente tardaron hasta 500 millones de años en depositarse, cuando los mismos estratos no exhiben efectos de erosión? La explicación simple y obvia es que dichos sedimentos fueron depositados durante un período de tiempo demasiado breve como para permitir que la erosión tuviera lugar, lo que significa que los sedimentos todavía blandos fueron arrasados por un gran volumen de agua en movimiento mucho mayor que el Colorado actual, y no hace mucho tiempo" (A. W. Mehlert en *CRSQ* 24:1 [junio de 1987], p. 28; cp. *What Is Creation Science?* de Henry Morris y Gary E. Parker, p. 163-168).

Para explorar la posibilidad de que las esporas de plantas florales fueron depositadas en esquisto Hakatai precámbrico y otros estratos (supuestamente muy antiguos) del Gran Cañón, referirse a "Creation Research Society Studies on Precambrian Pollen"[Estudios de la Sociedad de Investigación de la Creación sobre el polen precámbrico], de George F. Howe (en tres partes, comenzando con *CRSQ* 23:3 [diciembre de 1986]. Howe señala que "el encontrar un grano de polen de una planta terrestre fósil en rocas catalogadas como 'precámbricas' es tan probable (en el esquema macroevolucionista uniformista de los orígenes) como encontrar un cráneo humano moderno empotrado cómodamente en las vetas carboníferas misisipianas"(*CSRQ* 23:3 [diciembre de 1986], p. 99).

del Diluvio de Génesis. Los ingenieros hidráulicos, que dedican sus vidas profesionales al estudio de la acción de las aguas, deberían ser nuestra autoridad sobre este tema, en vez de los geólogos históricos y descriptivos. Y sin embargo, como sucede con demasiada frecuencia en el mundo científico de hoy, los especialistas de un campo científico parecen ignorar en cierto grado los principios que fundamentan una rama análoga de la ciencia. En las palabras del Dr. J. Oliver Buswell, Jr., "Uno de los pecados habituales de los científicos es ignorar otras áreas de estudio relacionadas".[11]

Henry M. Morris recibió su título de Bachiller de Ciencias de la Universidad de Rice, y sus títulos de Maestría en Ciencias y Doctorado de la Universidad de Minnesota, este último con hidrología e hidráulica como materias principales y geología y matemática como materias secundarias. Es miembro de las sociedades honoríficas Sigma Xi y Phi Beta Kappa, así como también "Fellow" de la Asociación Norteamericana para el Avance de la Ciencia. Ha publicado numerosos artículos de investigación en revistas científicas arbitradas y durante veintiocho años se desempeñó en las facultades de cinco universidades importantes (dieciocho de esos años como presidente del directorio de importantes departamentos académicos), antes de fundar el Instituto para la Investigación de la Creación en 1970. Adquirió reputación internacional especialmente por su libro de texto *Applied Hidraulics in Engineering* [La hidráulica aplicada en la ingeniería], cuya segunda edición tiene a James W. Wiggert como coautor (Nueva York: Ronald Press Co., 1972; 629 pp.). Estoy agradecido a Henry Morris por su generosidad en compartir algo de su vasta experiencia en los principios de ingeniería hidráulica conforme se aplican al registro bíblico del Diluvio.

Morris señala que de acuerdo con las leyes de selectividad hidrodinámica, un diluvio de la magnitud que se describe en Génesis, con su complejo increíblemente enorme de corrientes saturadas de sedimento, por necesidad habría producido capas horizontales de materiales seleccionados por las aguas, de acuerdo con la gravedad y esfericidad de los mismos.[12] A medida que las aguas iban decreciendo y depositando su carga, otra corriente vendría tal vez de otra dirección trayendo consigo un material de distinto tipo, depositándolo sobre la capa anterior sin alterarla. De esta forma, a medida que varias corrientes se movían de una parte a otra de la tierra durante los meses del Diluvio, se formaría una gran serie de estratos sedimentarios en varias partes de la tierra, y en algunos casos alcanzando cientos de metros de profundidad.[13]

Una de las evidencias más espectaculares de lo que puede lograr un Diluvio mundial que duró un año, se ve en el Gran Cañón de Arizona. Esta formación gigantesca tiene, en alguna partes, más de 1.500 metros de profundidad, 7.500 metros de ancho, y se extiende por más de 160 km de este a oeste. Hasta donde alcanza la vista pueden verse anchas capas horizontales de varias clases de sedimentos que descansan conformablemente una sobre otra, desde el fondo del desfiladero hasta arriba.

Según los conceptos uniformistas, numerosos cambios deben haber estado involucrados en el medio ambiente, con grandes subsidencias y levantamientos, cada capa representando millones de años de depósitos fluviales en un enorme geosinclinal o mar poco profundo, que se hundió gradualmente a medida que los depósitos se iban acumulando. Pero esto es inconcebible. Los estratos simplemente no habrían podido mantenerse en forma tan uniforme y horizontal en una zona tan enorme y a lo largo de períodos de tiempo tan prolongados, a la vez que eran sometidos a enormes y repetidos movimientos. "Según los creacionistas, una explicación mejor es que se formó rápidamente cuando el agua atravesó el material que aún no se había endurecido que quedó depositado allí por la inundación en la época de Noé. Esta explicación es mucho mejor porque está de acuerdo con los *principios de la hidrodinámica*. Este principio afirma que las aguas no pueden andar sin rumbo y a la vez penetrar en cauces más profundos. El cauce del río Colorado es profundo y a la vez muy serpenteante".[14]

El Dr. Clifford Burdick, geólogo que ha dedicado varios años al estudio de las formaciones del Gran Cañón, explica algunos de los problemas insuperables que confronta la interpretación clásica del uniformista acerca de estas rocas:

> Debajo del período misisipiano, en la mayoría de los lugares no está presente el devónico y en la mayoría de los lugares no está presente el silúrico ni el ordovícico, lo que significa que la formación Redwall, que es del misisipiano inferior, en realidad descansa sobre piedra caliza Muav del cámbrico, una brecha de tiempo de más de 50 millones de años. Seguramente que en este inmenso espacio de tiempo esperaríamos encontrar los efectos de una erosión muy extensa, quizás alabeándose y plegándose con la discordancia angular, pero, ¿qué es lo que realmente encontramos? Una serie de capas perfectamente conformables colocadas en sucesión bastante rápida. Sin duda que esto es causa de gran asombro.[15]

Estas rocas sedimentarias horizontales expuestas a la vista en el Gran Cañón y en muchos otros desfiladeros espectaculares, cubren una zona de 400.000 kilómetros cuadrados, incluyendo la mayor parte de Utah y Arizona, y grandes sectores de Colorado y Nuevo Méjico. De acuerdo con el doctor Burdick y otros que han estudiado estas formaciones, la única explicación adecuada es que hubo una enorme cantidad de corrientes de agua de movimiento rápido y extensión mundial.

La formación de lechos de fósiles

No sólo los depósitos sedimentarios exigen la dinámica de una inundación gigantesca para una explicación adecuada sino que también los requieren los miles de millones de fósiles de plantas y animales que en ellos se encuentran. Esto es un problema serio para la evolución uniformista porque una fosilización en escala tan grande simplemente no está ocurriendo hoy en ningún lugar del mundo. Cuando los peces se mueren en el océano, no se van al fondo y se convierten en fósiles, sino que entran en descomposición o son desmenuzados por animales que se alimentan de carroña. De la misma manera, como lo ha señalado un eminente geólogo, "Los incontables millones de esqueletos de búfalos esparcidos sobre las planicies dos generaciones atrás, prácticamente no han dejado rastros. Sus carnes fueron devoradas por lobos o buitres a las pocas horas o días de morir, y hasta sus esqueletos han desaparecido casi por completo, convirtiéndose en polvo por la inclemencia del tiempo".[16] El Antiguo Testamento señala que Palestina estuvo infestada de leones durante siglos (Proverbios 22:13; Job 39:39; 2 Reyes 17:25), pero hasta ahora no se ha encontrado ningún fósil de león en ese lugar.[17]

En contraste con esta falta de fosilización actual, consideremos la casi increíble cantidad de fosilización que hubo en el pasado. "Se han descubierto formaciones que contienen miles de millones de fósiles, y nuestros museos hoy están llenos de más de 100 millones de fósiles de 250.000 especies diferentes".[18] Nada podría ser más evidente que el hecho de que miles de millones de fósiles de crustáceos, peces, animales terrestres y plantas, muchos de ellos en perfecto estado de conservación en enormes depósitos sedimentarios, no podrían enterrarse por procesos que pueden observarse en el mundo actual.

Una ilustración sorprendente del hecho de que hubo una gran catástrofe que una vez se desató sobre este planeta puede verse en los cuatro o cinco millones de mamutes y otros animales de gran tamaño que fueron destruidos en las regiones del polo norte, muchos de los cuales se congelaron instantáneamente y quedaron ilesos y en perfecto estado de conservación, y en algunos casos de pie o de rodillas.

Ivan T. Sanderson, destacado zoólogo de campaña, quien ha dedicado muchos años al estudio de estos fenómenos, ha tratado de explicar la destrucción en masa de los mamutes del Artico en términos no catastróficos.[19] Pero un estudio especial del mamut Beresovka, que fue transportado por científicos rusos desde Siberia hasta el Museo de Leningrado, "cambió casi por completo" su teoría.

> Primero, el mamut estaba de pie, pero tenía quebrada una cadera. Segundo, la parte exterior del animal estaba en perfectas condiciones y completo, y sin ningún rasguño ni raspadura en su piel de 60 cm de largo. Tercero, su carne estaba fresca como cuando tenía vida, aunque comenzó a descomponerse al entrar en contacto con el calor del fuego. Lo que tenía en su estómago no había comenzado a descomponerse. Por último, en su lengua todavía había unas florecillas de las llamadas "Botón de oro".[20]

Animales tan enormes como esos hubieran requerido varios cientos de kilos de alimento diario nada más que para sobrevivir; y había muchos millones de ellos en una región donde hoy en día hay muy poca vegetación. Para poder congelar animales de ese tamaño sin que se formen grandes cristales dentro de las células de sus cuerpos, sería necesario que la temperatura descendiera instantáneamente a 150°F (ciento cincuenta grados Fahrenheit) bajo cero. Tales condiciones podrían haber existido en varios lugares dentro de las latitudes más elevadas en las primeras etapas del colapso de la cubierta de vapor antediluviana (Génesis 7:11).[21] Una cosa es cierta: todas las explicaciones uniformistas han fallado tristemente. "Lyell tenía conocimiento de estos enormes fósiles y sabía que los mismos ponían en peligro su teoría. Trató de explicarlo sugiriendo que podrían haber sido atrapados por un golpe de frío cuando estaban nadando. Darwin también estaba enterado de esto y confesó que no tenía una solución para ello".[22]

En la obra *The Waters Above* [Las aguas de arriba] (Chicago: Moody Press, 1982), un estudio sobresaliente sobre los efectos catastróficos del colapso de la cubierta de vapor prediluviana, Joseph C. Dillow, en estilo sumamente ameno y asombroso detalle, lleva al lector paso a paso a través de las controversias que han rodeado el descubrimiento de mamutes congelados y otros animales en las grandes tundras de Siberia, Alaska y las islas del Océano Artico.

Los mamutes, similares en tamaño pero algo más grande que los elefantes de la India, carecían de glándulas cebáceas (que producen aceite) en la piel que les hubiera hecho posible vivir en climas fríos (véanse pp. 339 y 340). La presencia de una capa de gordura de 3,5 pulgadas indica un gran suministro de alimentos (que ya no está

Mamutes congelados

Se estima que unos 5.000.000 de mamutes, cuyos restos están sepultados en la línea costera del norte de Siberia y Alaska, fueron congelados y sepultados no hace muchos miles de años. "Durante casi dos siglos hasta ahora, se han explorado los depósitos que hay en Siberia. Esos depósitos parecen ser tan inagotables como un yacimiento de carbón. Algunos piensan que llegará el día cuando la extensión de la civilización podría resultar en la desaparición total del elefante de Africa, y que tendremos que recurrir a estos depósitos como la única fuente para conseguir marfil animal" ("Ivory" [Marfil] — *Encyclopaedia Britannica,* 1956, XII, 834).

"Se informó que una mina en Siberia produjo veinte mil colmillos. Cuando Vitus Bering, el explorador dinamarqués, visitó la Isla Bear, al norte de Siberia en el Océano Artico, informó que estaba compuesta de dos ingredientes: restos de mamutes y arena. Pero el ingrediente predominante eran huesos de mamutes. Durante los siglos dieciocho y diecinueve, ocasionalmente se recibían informes de que se habían descubierto mamutes en estado de congelación. Algunos de esos informes fueron investigados por el gobierno zarista, y unos cuantos mamutes fueron exhumados y llevados a San Petersburgo. Dichos animales eran evidencias más bien sensacionales de la época cuando la Siberia había tenido un clima mucho más templado o subtropical. Cuando el Barón Toll exploró la Isla Bennet, a unos 500 km al norte de la costa siberiana, informó que había descubierto un mamut que se había congelado rápidamente en un lugar donde hoy, durante el apogeo del verano ártico, los sauces quizás sólo lleguen a cinco centímetros . . . Sin embargo, en ese lugar el Barón Toll descubrió evidencia de un tipo de vida anterior bajo condiciones que en la actualidad jamás podría existir. Con respecto a los huesos de mamutes en Rusia, Pallas afirmó que no había un sólo lecho fluvial en toda Rusia, desde el Don hasta el Estrecho de Bering, que no contuviera huesos de mamutes. Otros escritores han observado que, aunque parezca extraño, cuanto más al norte se va, tanto más numerosos son los restos de mamutes que se encuentran" (Donald W. Patten: "The Ice Epoch" [La época de hielo], en *A Symposium on Creation,* de Henry M. Morris y otros; Grand Rapids: Baker Book House, 1968, p. 128).

Para los investigadores que no tienen prejuicio, se está haciendo cada vez más evidente el hecho de que sólo una catástrofe de las proporciones que se describen en Génesis 6 al 9 puede haber destrozado repentinamente esa gran cantidad de animales de gran tamaño.

disponible en esas regiones) y la falta de protección contra el frío (p. 337). Aun el haber tenido una piel de lana no hubiera sido la marca de un animal del Artico como tampoco lo es la gruesa piel de un tigre tropical (p. 338), especialmente porque la piel de ellos carecía de los músculos erectores que son característicos de todos los mamíferos árticos que se conocen en la actualidad (p. 342).

Dillow provee evidencia abrumadora de que el clima de esas regiones norteñas una vez era cálido. "Baron Toll, el explorador del Artico, encontró los restos de un tigre dientes de sable, y un ciruelo de 30 metros con hojas verdes y fruta madura en sus ramas a más de 1000 km al norte del Círculo Polar Artico en las islas Nueva Sibera. En la actualidad la única vegetación que crece allí es un sauce de una pulgada de alto" (p. 346). El doctor Jack A. Wolfe, en un informe del *U. S. Geological Report* (1978) dice que Alaska una vez abundaba en plantas tropicales. Encontró evidencia de mangles, palmeras, lacas birmanesas y grupos de árboles que ahora producen nuez moscada y aceite macasar" (p. 348).

Luego de un cuidadoso análisis del contenido del estómago del mamut Beresovka, descubierto por científicos rusos en 1901, Dillow concluye diciendo: "El mamut debe haber sido repentinamente abrumado por un congelamiento extremo repentino y la muerte instantánea. La muerte repentina se evidencia por las vainas de habas no masticadas que todavía contenían las habas que se encontraban entre sus dientes, y el congelamiento extremo es sugerido por el estado bien conservado del contenido del estómago y la presencia de carne comestible" (p. 377). "El animal estaba pastando tranquilamente a fines de julio, y repentinamente, en un período de media hora de haber ingerido su último almuerzo, se vio vencido por temperaturas inferiores a 150 grados Fahrenheit bajo cero, y murió congelado en el medio del verano. Además, nunca terminó de congelarse hasta que cayó fuera de la ribera de un río en 1901" (p. 396).

¿Cuántos mamutes están todavía enterrados en el lago congelado de Siberia? Primero, se analizan los terrenos donde están sepultados. En algunas zonas de ese continente de 6.000 km de extensión, los científicos rusos han perforado hasta una profundidad de 4.000 metros y todavía no han llegado a la roca sólida" (p. 351). El "permafrost" (tierra negra permanentemente congelada) alcanzaba una profundidad de 300 metros (p. 352), y "cuando esta tierra congelada se derrite se vuelve una especie de sopa espantosa y a menudo maloliente, compuesta de una sustancia pegajosa con cieno, arena, piedrecillas y rocas que a menudo contiene masas de materias vegetales y animales conservadas en estado de descomposición o totalmente descompuestas" (p. 351). Sólo el hedor de la tundra en las islas Nueva Siberia ha sugerido a muchos de que el suelo debe estar lleno de carne podrida, sin embargo el 99 por ciento de estos restos nunca han sido 'vistos' por ojos humanos" (p. 330). Durante la breve descongelación del verano enormes enjambres de insectos son atraídos a estas regiones" (p. 401).

Segundo, la extrema dificultad de excavar mamutes enteros se explica por sí sola. Muy pocas personas viven en esas áreas (p. 331), y debido a las malas experiencias con las autoridades rusas vacilan en informar de descubrimientos importantes (p. 333), o la demora en recibir los informes es tal que los cadáveres expuestos son devorados a pedazos por lobos y zorros antes de que los científicos puedan llegar hasta ellos durante los dos meses de la breve descongelación del verano (pp. 332, 349). "La expedición que se organizó para excavar el mamut Beresovka en 1901, viajó mil seiscientos kilómetros en trineos y a caballo", pero el viaje fue casi imposible debido al cieno que se derretía (p. 333).

A pesar de dichos obstáculos, para 1960 se habían examinado treinta y nueve ejemplares (p. 329), y se recolectaron casi 50.000 colmillos de mamut, que se vendieron al comercio del marfil (p. 355; cp. pp. 331ss., 404). "La población total de mamutes evidentemente es miles de veces más grande que la cantidad de colmillos que los hombres han contado en los últimos 200 años. *Los colmillos indican que hubo manadas de millones de mamutes*" (p. 329, nota 82; cursivas agregadas). Dillow comenta con sutileza: "Si saltáramos dentro de una hectárea de paja y regularmente encontráramos agujas, normalmente llegaríamos a la conclusión de que debe haber millones de agujas en el pajar a fin de que alguna de ellas tenga la posibilidad de encontrarse" (p. 318; cp. p. 331).

Joseph Dillow refuta varias teorías uniformistas sobre el congelamiento de los mamutes (pp. 355-364) y provee una evidencia impresionante con respecto a las condiciones que se necesitan para congelar el contenido del estómago de un animal con una pared estomacal de un cuarto de pulgada de espesor (pp. 383-400). Termina diciendo que "no hay problema en preservar por lo menos algunos de los restos de mamutes en un estado relativamente fresco durante todo el año del Diluvio, seguramente preservados y congelados frescos bajo toneladas de cieno tundral que posteriormente se congeló dentro del permafrost actual" (p. 418).

Con respecto a los dinosaurios reptiloides, Dillow sugiere que la razón por la que no se los encuentra enterrados con los mamutes es que ellos vivieron en lugares diferentes del mundo. Sin embargo, "al igual que los mamutes, fueron cubiertos por una inundación global repentina. Los representantes de los dinosaurios que, presumiblemente, Noé llevó consigo en el Arca, simplemente no pudieron sobrevivir en el clima cambiado después del Diluvio, con temperaturas más frías y crudos inviernos" (p. 420).

En el condado de Lincoln, Wyoming, se han encontrado en casi perfectas condiciones, peces, tortugas de mar, insectos y mamíferos, junto con grandes hojas de palmera de dos a dos y medio metros de largo por noventa a ciento veinte centímetros de ancho.[23] Aun más significativo son los trillones de toneladas de vegetación, gran parte en perfectas condiciones de preservación y hasta con hojas y flores, que se han encontrado enterradas en estado de carbón, en todas partes del mundo, incluyendo en la Antártida.[24] Cada 30 centímetros de carbón representa muchos metros de restos de plantas comprimidas, y algunas vetas de carbón tienen de nueve a doce metros de espesor. Evidentemente, hoy en día no existe un proceso de carbonización en tal escala, y la llamada teoría de los "pantanos de turba" o turberas, es una tentativa muy pobre para contender con este problema. Según Morris lo explica:

> La turbera Dismal Swamp [pantano] de Virginia, quizás el caso de una capa carbonífera potencial que se cita con más frecuencia, ha formado sólo un promedio de 2,10 metros de turba, difícilmente suficiente como para producir una sola veta respectable de carbón. Además, no hay evidencia real de que actualmente la turba se esté transformando en hulla en ningún lugar del mundo. No se conoce de ninguna localidad donde la capa de turba, en sus niveles inferiores, se esté transformando gradualmente en una típica capa de hulla. Por lo tanto, todas las capas de hulla que se conocen parecen haber sido formadas en el pasado y no estar en continuidad de formación en el presente, conforme podría razonablemente esperarse que lo sugiriese el principio del actualismo.[25]

En el libro titulado *Why Not Creation?* puede verse una fotografía extraordinaria de un enorme tronco de árbol que se ha transformado en carbón de piedra, que ha penetrado verticalmente varias capas de estratos sedimentarios.[26] Con toda seguridad que esto constituye un serio golpe para la teoría uniformista de la formación del carbón, porque sería imposible que un árbol se mantuviera en pie por miles de años mientras las capas de sedimento están apilándose a su alrededor.

Otro descubrimiento extraordinario es el hecho de haber descubierto

La línea costera de la Antártica

El contorno congelado e inhóspito del continente del polo sur desafía nuestra imaginación a lo que era su condición anterior. El hecho de que una vez fuera cálido y húmedo, y de que tenía abundante vegetación, se evidencia por "los extensos descubrimientos de carbón y madera petrificada"(*National Geographic Magazine,* febrero de 1963, pp. 288, 296; cp. el número de noviembre de 1971, p. 653).

en perfecto estado las huellas de muchos animales, incluyendo dinosaurios.[27] Asimismo, con frecuencia se han descubierto cosas tan efímeras como las ondas del agua sobre la tierra y el salpicado de gotas de lluvia. Esto hubiera sido algo imposible de conservar aparte de un proceso de sedimentación singular.[28]

Los fenómenos catastróficos en la geología

Aunque las formaciones sedimentarias y fosilíferas sean las evidencias más obvias de que grandes cantidades de agua cubrieron una vez este planeta, hay otros accidentes geográficos sobre la superficie de la tierra que desafían cualquier otra explicación que se quiera dar. Al discutir sobre el mecanismo que pueda haberse empleado en la formación de los niveles más bajos de la columna geológica, Walter S. Olson, que por cierto no era partidario del catastrofismo bíblico, observa:

> El poder erosivo y el efecto calórico producido por tales mareas [globales] pueden explicar todos los fenómenos asociados con los sedimentos del infracámbrico . . . Finalmente las mareas se arrastrarían por el interior y, al estar cargadas de sedimento y fragmentos de roca, desgastarían la superficie de la tierra y reducirían los continentes a peniplanicies . . . La fricción de las mareas aumentaría hasta niveles sin precedentes la temperatura del océano, soltando anhídrido carbónico a partir de una solución, para precipitar carbonato de calcio . . . Formaciones antiguas de montañas fueron desgastadas hasta sus bases . . . dejando una pizarra limpia sobre la cual llegó a escribirse la crónica que generalmente se denomina geología histórica.[29]

Cuando los continentes se elevaron de entre las aguas del Diluvio, las aguas de fusión formaron grandes planicies fluviátiles o taludes aluviales, como la que se extiende desde los montes Rocosos hasta el Misisipí y desde Canadá hasta Méjico.[30]

Las cuencas lacustres encerradas como la de Bonneville en Utah, la de Lahonton en Nevada y la de Tahoe en California, estuvieron en un tiempo llenas de agua.[31] Las terrazas fluviátiles elevadas que abarcan desde el Atlántico hasta el Misisipí actual, muestran que los ríos anteriormente tenían un caudal de agua mucho mayor que el que tienen sus remanentes actuales.[32] Asimismo, fenómenos como los meandros incisos o atrincherados, donde los fuertes cortes laterales de ríos tuvieron lugar simultáneamente con los cortes descendentes, sólo pueden explicarse en base a que las capas horizontales todavía estaban blandas e inconsolidadas poco después de su deposición durante el período del Diluvio, cuando se llevaron a cabo casi todas las formaciones de este tipo de meandro.[33]

Grandes depósitos de carbón

Las enormes masas de vegetación que existieron en todo el mundo antes del Diluvio fueron arrastradas y acumuladas en enormes pilas aquí y allá, y fueron cubiertas varias veces con capas de barro, y carbonizadas por el calor causado por las grandes presiones de empuje y peso. "La formación en breve tiempo de carbón a partir de materiales madereros y de otros materiales celulosos se demostró mediante experimentos realizados por el Dr. George R. Hill, del College of Mines and Mineral Industries [Colegio de Minas e Industrias Minerales], de la Universidad de Utah. El informe puede leerse en la revista *Chem Tech*, de mayo de 1972, p. 296 . . . La importancia de estos resultados con referencia al Diluvio y otros modelos catastróficos es evidente por los comentarios del doctor Hill. Declaró que 'Estas observaciones sugieren que al formarse los carbones de grado superior, es decir, antracita y carbón bituminoso con pocas proporciones de materias volátiles . . . probablemente fueron expuestos a altas temperaturas en cierta etapa de su historia. Un posible mecanismo para la formación de estos carbones de grado superior puede haber sido un suceso de calentamiento corto y rápido'."(Duane T. Gish: *Acts & Facts*, tomo 1, No.4, Institute for Creation Research, P. O. Box 2667, El Cajon, CA 92021-0667, EE. UU.). Véase también *Prehistory and Earth Models*, de Melvin Cook (Londres: Max Parrish & Co., Ltd., 1966), pp. 235-237.

Las grandes cadenas de montañas dan evidencia de un levantamiento repentino y relativamente reciente; y sin embargo, en las palabras de J. A. Eardley, "la causa de la deformación de las capas exteriores de la tierra y la consecuente orogenia todavía eluden eficazmente una explicación adecuada".[34] Como lo observa Morris, el uniformismo no puede dar una razón para el origen de los geosinclinales, la continua subsidencia que se necesita para acumular miles de metros de sedimentación, las áreas de procedencia donde deben haberse desgastado estos grandes volúmenes de depósitos, y el levantamiento y la deformación de estos geosinclinales para formar las actuales cadenas de montañas. Tampoco puede explicar la existencia de grandes áreas de tierras bajas, quebradas y cañadas secas o caletas, valles suspendidos, cataratas secas y cuencas formadas con bordes de rocas.[35]

La presencia de enormes masas de rocas ígneas (volcánicas) en todo el mundo, es otro problema para los uniformistas. Muchas veces se encuentran incrustadas en los depósitos de rocas sedimentarias ya existentes, o sobre la superficie de grandes áreas de depósitos anteriores. La meseta de Columbia en el noroeste de los Estados Unidos es una tremenda meseta de lava de un espesor increíble (varios centenares de metros) que cubre una zona de 320.000 kilómetros cuadrados. Pero el único proceso moderno que es pertinente a estos fenómenos es el del volcanismo, que en sus características actuales no podría de ninguna forma producir estas grandes formaciones ígneas. En el mundo hay más de seiscientos volcanes activos y quizás existan tres veces más esa cantidad de volcanes extintos. Pero no hay nada en la época actual, visto por el hombre, que pueda compararse con lo que habrá sido un fenómeno que originó la formación de estas tremendas estructuras. Los principios del uniformismo quedan en la nada en cuanto a este punto tan importante de la interpretación geológica. Es suficiente sólo algunas manifestaciones de acción catastrófica (tal como la ruptura de las fuentes del gran abismo durante el Diluvio).[36]

Aparte de la catástrofe del Diluvio, con el consiguiente colapso de la gran cubierta de vapor, hay que encontrar un sistema que en algo pueda explicar el origen de las capas de hielo continentales. W. D. Thornbury observó que "unos 6.400.000 kilómetros cuadrados de Norteamérica y 3.200.000 kilómetros cuadrados de Europa, y otro tanto o aún más de una área poco conocida pero posiblemente comparable ubicada en Siberia, estaban cubiertos de hielo glacial.

Además, muchas zonas más pequeñas estaban cubiertas de casquetes de hielo locales. Miles de valles de ventisqueros se encontraban entre las montañas, donde hoy ya no existen o quedan muy pocos de ellos".[37]

William L. Stokes de la Universidad de Utah, ha llegado a la conclusión de que "la causa fundamental de la glaciación es todavía una incógnita . . . Por lo menos 29 'explicaciones' se han dado para explicar glaciaciones tan extensas. La mayoría tenía pocas probabilidades de sobrevivir al principio, mientras que otras tuvieron algo de suerte hasta que las clasificaron como insostenibles por la información que se acumuló más tarde".[38]

El fin de la edad de hielo es mucho más reciente de lo que una vez se sospechaba, y se dispone de mucha evidencia que recalca una sola gran glaciación y no cuatro.[39] Esto indica que es el momento oportuno para comenzar un estudio nuevo e imparcial sobre el concepto de la cubierta de vapor pre-diluviana y los posibles resultados de su colapso repentino.

Otro ejemplo más del fracaso del principio uniformista en dar razón de los recientes accidentes importantes de la corteza terrestre es la hipótesis de la "falla inversa", como se ha aplicado a tales áreas como la Falla del Monte Heart en Wyoming y la Falla Acostada de Lewis en Montana y Alberta. Esta última formación que incluye la zona de los ventisqueros del Parque Nacional, tiene 560 km de ancho y un desplazamiento horizontal de por lo menos 55 a 65 km, a pesar del hecho de que el supuesto plano de la falla buza a un ángulo de sólo 3 grados. Las rocas negras de la mitad superior de la montaña son del precámbrico, mientras las de más abajo y de color más claro son del cretáceo, y son por lo menos unos 500.000.000 de años más jóvenes, de acuerdo con los cálculos que los uniformistas usan para fechar fósiles. Como es lógico, ningún uniformista puede permitir una excepción tan enorme en su tabla cronológica porque esto equivaldría a pensar que en esta parte del mundo los dinosaurios evolucionaron para convertirse en trilobites similares al cangrejo. Por lo tanto, los evolucionistas creen que las rocas pre-cámbricas deben haber sido empujadas de 50 a 65 km por encima de los esquistos cretáceos.

Entre los científicos evangélicos, Frank H. Roberts[40] y J. R. van de Fliert[41] alegan que las evidencias de abundantes plegamientos y dislocaciones en esas áreas prueban que el modo de ver de los uniformistas básicamente tiene algo de verdad. Sin embargo, estos pequeños disturbios en la roca no son de comparar con la magnitud del concepto del "sobreescurrimiento" de Lewis, para lo cual no hay

Montañas que estallaron desde el Diluvio

Alrededor de 4600 antes de Cristo, el monte Mazama, de 3.658 metros de alto, explotó y arrojó *43 kilómetros cúbicos de roca* volando por el aire, perdiendo más de 1.500 metros de su altura. Luego el centro se derrumbó y se llenó de agua (para formar el Lago Crater) hasta su actual y enorme profundidad de 590 metros, circundado por bordes que van desde 150 metros hasta 600 metros de altura (cp. la revista *National Geographic Magazine* de julio de 1962, p. 128).

Alrededor del año 1520 antes de Cristo, la isla volcánica de Thera, en el mar Egeo, explotó, y 83 km cuadrados de la isla se hundieron en el mar a una profundidad de hasta 400 metros en algunos lugares, destruyendo con ello la brillante civilización de Minoa, así como también la de la cercana Creta (cp. "Thera: Key to the Riddle of Minos" [Tera: Clave para el acertijo de Minos], de Spyridon Marinatos, *National Geographic Magazine*, mayo de 1972, pp. 702-726.

En agosto de 1883, la Isla de Krakatoa, en las Indias Orientales Holandesas (hoy Indonesia), "explotó, y el estrépito se oyó a más de 3200 km de distancia, y las

vibraciones aéreas resultantes circundaron el globo terrestre varias veces . . . El polvo volcánico oscureció el sol en un radio de 160 km. Algo del polvo finalmente se filtró a la tierra hasta una distancia de 1.600 km desde Krakatoa; el resto fue lanzado con tal fuerza que se elevó hasta la estratósfera, se dispersó por todo el planeta produciendo puestas de sol espectaculares hasta los últimos meses de 1883. Por último llegó la terrible culminación: las olas brásmicas. Estas olas, con más de 160 metros de altura y desplazándose a una velocidad superior a los 80 km por hora, asolaron las cercanas costas de Java y Sumatra. En algunos lugares se introdujeron enfurecidas tierra adentro, hasta 900 km, y todavía tenían una altura de 9 metros. Barrieron ciudades y villas enteras — casi 300 de ellas. Este desastre acabó con la vida de más de 36.000 personas"(*Ibid.*, p. 715).

Multiplíquense estos paroxismos de la corteza terrestre por cientos de miles y comenzará a formarse un cuadro mental de la fase inicial del año del Diluvio: "Aquel día fueron rotas las fuentes del grande abismo . . . y fue destruido todo ser que vivía sobre la faz de la tierra" (Génesis 7:11, 23).

evidencias reales. Aun más importante todavía, es casi inconcebible que en la corteza terrestre se pudiera generar suficiente fuerza como para mover *ochocientos mil billones de toneladas de rocas*, con componentes tanto verticales como laterales (contra las fuerzas de gravedad y contra la fuerza de fricción a lo largo del plano de deslizamiento). Henry M. Morris ha demostrado que sobre la base de los coeficientes de fricción que se conocen para bloques de deslizamiento, en un bloque de magnitud se desarrollaría tanto esfuerzo de corte que el propio material cedería en la compresión y, por lo tanto, no podría ser transportado de ninguna forma como un bloque coherente.[42] M. K. Hubbert y W. W. Rubey están de acuerdo en que esto sería una "imposibilidad mecánica".[43]

Por consiguiente, debemos llegar a la conclusión de que en esta área las rocas "pre-cámbricas" fueron depositadas *después de* las rocas "cretáceas" y, por lo tanto, la tabla cronológica generalmente aceptada del uniformismo de la historia terrestre, es mayormente insignificante. Visto desde el punto de vista de la doctrina bíblica del Diluvio, tales formaciones simplemente indican que los patrones de soterramiento no siguieron la zonificación ecológica normal de los animales. En otras palabras, animales de mar estarían normalmente enterrados a mayores profundidades en cualquier orden de sucesión, pero en la complejidad de la hidrodinámica del Diluvio se podían anticipar muchas excepciones.

Conclusión

Si el concepto del Diluvio universal explica mucho mejor que otros conceptos muchos de los accidentes significativos de la corteza terrestre, ¿por qué no es aceptado por la generalidad de los geólogos? Creemos que hay una doble respuesta a esto: En primer lugar, nada menos que una intervención sobrenatural puede haber causado el Diluvio, y la ciencia moderna, en la naturaleza del caso, no da ningún lugar a tales intervenciones. En segundo lugar, la mayoría de los geólogos historiadores nunca ha estudiado siquiera los méritos relativos del enfoque uniformista en contraposición al catastrofismo global y, por lo tanto, difícilmente puedan calificarse como jueces competentes e imparciales de esta materia.

Por ejemplo, considérese lo dicho por C. P. Martin, de la Universidad de McGill, en cuanto a la teoría de la evolución:

> La mayoría de los estudiantes que pasa por aquí —y vienen de muchas universidades estadounidenses y canadienses— están bien adoctrinados en

la idea de que la teoría de la evolución mediante mutaciones es asunto concluido, un hecho establecido e indiscutible. No es que no estén apercibidos de las dificultades y que piensen que son de poco peso o sin importancia, sino que simplemente nunca se han enterado de que existen y se asombran ante la sola posibilidad de que la teoría aceptada sea criticada.[44]

Lo que es aplicable a la evolución lo es también al uniformismo,[45] pues ambos conceptos son puras extrapolaciones naturalísticas hacia el reino de la cosmogonía, en desafío a las doctrinas bíblicas de la creación sobrenatural y el catastrofismo. Estamos firmemente convencidos de que estas doctrinas no han sido refutadas por la ciencia, sino que han sido simplemente rechazadas o ignoradas. El apóstol Pedro profetizó esto cuando dijo que aquellos que en "los últimos días" negaran el Diluvio a favor del uniformismo, lo harían, no por la abrumadora evidencia científica, sino, más bien, porque desearían (del griego *thelontas*) que así fuera (2 Pedro 3:5). El impacto de esta declaración puede apreciarse mejor cuando se miran las diferentes traducciones:

"ignoran voluntariamente" (Reina-Valera 1960)

"por su propia voluntad pasan por alto" (Reina-Valena Actualizada)

"no se dan cuenta" (Biblia de las Américas)

"no quieren darse cuenta" (N.T. Popular)

"se les escapa" (N.T. ecuménico)

"voluntariamente quieren ignorar" (Nacar-Colunga)

"voluntariamente se olvidan" (Versión Moderna).

Como cristianos que creemos que la Palabra de Dios nos habla con toda autoridad, no sólo en el reino de lo espiritual sino también en el reino de lo histórico y científico, es nuestro gran privilegio, por la gracia de Dios en Cristo, poder examinar todas las cosas por esta infalible revelación de la verdad. Sólo entonces podemos esperar ser liberados de la terrible esclavitud del error al reino de la luz que es el exclusivo domino del Dios de la creación y de la revelación.

Nace un volcán

El nacimiento del gran volcán Paricutín fue el 20 de febrero de 1943. Un maizal ubicado a 290 km al oeste de la ciudad de Méjico "de repente comenzó a producir una densa nube de humo. El segundo día ya se había formado un cono de ceniza que se elevaba a 30 metros de altura. Con el retumbe de cada explosión de la garganta del nuevo volcán surgieron lluvias de roca y fragmentos de lava llenos de gas. El pico se elevó a unos 140 metros en dos semanas, a 285 metros en ocho meses y a 310 metros en dos años. Cuando terminó de eruptar en 1952, tenía 410 metros de altura y las aldeas cercanas de Paricutín y Parangaricutiro fueron sofocadas bajo los escombros de la nueva montaña. Los flujos de lava se deslizaron hasta 10 km desde el cráter" (*Life Nature Library: The Mountains,* de Lorus J. Milne [Nueva York: Time, Inc., 1962], p. 37; cp. "Paricutín, The Cornfield that Grew a Volcano [Paricutín, el maizal que produjo un volcán], de James A. Green; *National Geographic Magazine* 85 [febrero de 1944], pp. 129-164; y *Planet Earth: Volcano* [Planeta Tierra: Volcán], por los redactores de Time-Life Books [Alejandría, Virginia: Time-Life Books, 1982], pp. 80-81).

Sidney P. Clementson, ingeniero británico, analizó los estudios publicados sobre rocas provenientes de doce volcanes en Rusia y diez muestras de otros lugares del mundo, las cuales, mediante los típicos métodos de fechado radiactivo, muestran edades de 100 millones hasta 10.000 millones de años, cuando en verdad se sabe que dichas rocas volcánicas se formaron dentro de los últimos 200 años. Clementson llega a la conclusión de que "las edades calculadas no dan indicación alguna de la edad de la mayoría de las rocas. En los casos donde las edades calculadas son de millones de años, las rocas podrían ser bastante jóvenes. Asimismo, estas edades no tienen relación con la edad de la tierra, debido a que, como es lógico, las diferentes edades computadas han variado notablemente. Por lo tanto, las relaciones entre los elementos progenitores y progenies son meramente relaciones, y su uso como una base para proyectar las 'edades' de las rocas, o de la tierra misma, es sumamente dudoso y está plagado de suposiciones que no se pueden verificar. Esta conclusión estaría de acuerdo con el concepto de una tierra joven y una creación reciente como se deduce de la Biblia" ("A Critical Examination of Radioactive Dating of Rocks" [Un examen crítico del fechado radioactivo de rocas], *Creation Research Society Quarterly*, dic. de 1970, p. 141).

4

La cuestión básica: ¿Es la Biblia verdaderamente la Palabra de Dios?

Si la complejidad de las cosas vivientes y de todos los sistemas de energía en el universo lógicamente *excluye* el evolucionismo cósmico (especialmente a la luz de la segunda ley de la termodinámica), entonces la evidencia mundial de las extinciones en masa de animales, de vastos estratos sedimentarios, enormes corrientes de lava, heladas tundras y zonas árticas, y la aparición más reciente de cadenas de montañas, *excluye* el concepto uniformista de la historia terrestre que todavía es popularmente sostenido por los geólogos de hoy.

Pero muchos de nosotros nos dolemos cuando nos damos cuenta de la incapacidad de la mente humana para llegar a las conclusiones metafísicas y teológicas correctas a partir de la observación empírica. Se engaña a sí mismo el que piensa que su punto de vista conclusivo del mundo y la vida puede lograrse por medio de un análisis cuidadoso e imparcial de todos los datos pertinentes de la experiencia de los sentidos y la lógica. La historia ha demostrado claramente que *todos* los destacados hombres de ciencia han estado *totalmente* equivocados en su interpretación de las facetas importantes de nuestro universo. Pero aun más desastroso todavía es que *todos* los teólogos prominentes durante ciertas épocas de la historia de la Iglesia han estado *completamente* equivocados en su interpretación de las importantes doctrinas de la fe cristiana, conforme están expuestas en las Escrituras. Las posibilidades de error en ambas esferas, es decir ciencia y teología, son simplemente enormes porque la interpretación correcta de los fenómenos naturales y los pasajes bíblicos está delicadamente equilibrada sobre una compleja subestructura de suposiciones y metodologías previamente evaluadas. En una palabra: las conclusiones correctas en la controversia entre la Biblia y la ciencia moderna dependen del punto de partida correcto.

Para el creyente la interpretación correcta de la Palabra de Dios escrita debe ser el punto de partida para llegar a conclusiones valederas en toda la extensión de su significado. Si el método gramático histórico ("normal") honrado por Dios y consagrado por el tiempo para la interpretación de la Biblia es válido, entonces las declaraciones bíblicas sobre historia y doctrina no pueden tergiversarse a gusto de un intérprete. Aun durante la era apostólica esta práctica era bien prevalente y fue denunciada por el apóstol Pedro en términos bien claros: "nuestro amado hermano Pablo . . . os ha escrito, en casi todas sus epístolas . . . entre las cuales hay algunas cosas difíciles de entender, las cuales los indoctos e inconstantes tuercen, como también las otras Escrituras, para su propia perdición" (2 Pedro 3:15-16). Debe notarse especialmente que Pedro consideraba que tales tergiversaciones e ignorancia de las Escrituras llevarían "a su propia destrucción". Por lo tanto, la interpretación de la Palabra de Dios no es un pasatiempo juguetón, sino un asunto espantosamente serio para el creyente.

Esto es especialmente cierto de Génesis, el libro que da fundamento a la Biblia, incluyendo los primeros once capítulos que tantas veces han sido tergiversados. Con muy pocas excepciones,[1] todos los libros del Nuevo Testamento hacen referencia a Génesis 1 al 11. Asimismo, en alguna parte del Nuevo Testamento se hace referencia a *cada capítulo* de Génesis 1 al 11. Además, *todos los escritores del Nuevo Testamento* hacen mención de Génesis 1 al 11. Finalmente, el *Señor Jesucristo se refirió a cada uno de los primeros capítulos de Génesis.*[2]

El estudiante cuidadoso de la Palabra de Dios sabe bien que debe comparecer ante el Tribunal de Cristo para ser juzgado por la manera en que usó las Escrituras (Romanos 14:10, 12; 1 Corintios 3:10-15; 2 Corintios 5:10; Apocalipsis 22:18-19). Un creyente puede ser disculpado por ignorar detalles astrofísicos, geológicos, microbiológicos o genéticos—porque en esta época de la especialización nadie sabe todo en cuanto a su propio campo de labor y menos aun de todas las ramas importantes de la ciencia.[3] Pero *no* será perdonado por su ignorancia deliberada de la Palabra que Dios nos ha revelado:

"El, respondiendo, les dijo: ¿No habeís leído . . .?" (Mateo 19:4).

"Y Jesús les dijo: Sí; ¿nunca leísteis . . .?" (Mateo 21:16).

"Erráis, ignorando las Escrituras y el poder de Dios" (Mateo 22:29).

" ¿Ni aun esta escritura habéis leído . . .?" (Marcos 12:10).

"Si no oyen a Moisés y a los profetas, tampoco se persuadirán aunque alguno se levantare de los muertos" (Lucas 16:31).

"Entonces él les dijo: ¡Oh insensatos, y tardos de corazón para creer todo lo que los profetas han dicho!" (Lucas 24:25).

"Porque si creyeseis a Moisés, me creeríais a mí, porque de mí escribió él. Porque si no creéis a sus escritos, ¿cómo creeréis a mis palabras?" (Juan 5:46-47).

"El que . . . no recibe mis palabras, tiene quien le juzgue; la palabra que he hablado, ella le juzgará en el día postrero" (Juan 12:48).

"No andando con astucia, ni adulterando la Palabra de Dios" (2 Corintios 4:2).

Los creyentes maduros, que han estudiado minuciosamente la Palabra de Dios, no tienen ningún temor a descubrimientos históricos, arqueológicos o científicos que den apariencias de refutar cualquier porción o declaración de la infalible Palabra de Dios. "Porque de cierto os digo que hasta que pasen el cielo y la tierra, ni una jota ni una tilde pasará de la ley, hasta que todo se haya cumplido" (Mateo 5:18). Cien años de estudios arqueológicos en tierras bíblicas —y esto representa sólo tocar la superficie de las posibilidades de descubrimientos[4]— han sido más que suficientes para vindicar a aquellos que han puesto su confianza en las declaraciones históricas y geográficas de las Escrituras. La verdadera fe en la Palabra de Dios no *depende* de tales confirmaciones, pero dan cierto sentido de satisfacción intelectual y ayudan a esclarecer lugares, personas y acontecimientos.

Un punto que especialmente viene al caso es la teoría general de la evolución. Al final del siglo no había casi ningún científico que osara levantar su voz en contra del concepto de Darwin de que todos los seres vivientes (incluyendo al hombre) habían evolucionado por procesos naturales (o "providenciales") a partir de un pequeño y simple organismo marino. Los zoólogos y los biólogos habían hablado. La abrumadora mayoría de los hombres educados les rindieron homenaje. Por consiguiente, se ponía gran presión sobre el creyente intelectual para que se amoldara y comprometiera el relato de la creación de Génesis sobre la opinión casi unánime de destacados científicos.

Pero muchos creyentes no estaban dispuestos a someterse a tales presiones por su gran convicción de que un día, cuando así lo dispusiera Dios, una nueva luz sería dada sobre aquellas áreas de aparente conflicto entre las Escrituras y las ciencias naturales. Y esa fe y confianza han sido vindicadas de manera extraordinaria. Grandes brechas ya se han hecho visibles en la fortaleza del concepto evolucionista "desde la ameba hasta el hombre", de tal manera que aun escritores seculares como Michael Pitman[5] y Michael Denton[6] están presentando serias y elocuentes objeciones a toda la estructura neo-darwiniana. Y los estudiantes cristianos ahora tienen a mano docenas de obras escritas por competentes hombres de ciencia cristianos, que revelan las falacias, no sólo de la teoría *general* de la evolución (macro-evolución) sino también de ciertos aspectos de la teoría *especial* de la evolución (micro-evolución). Las posiciones comprometedoras como la evolución teísta, han sido reconocidas por un creciente número de creyentes como concesiones peligrosas y completamente innecesarias para los enemigos de la Palabra de Dios.[7]

Pero si el concepto de Génesis de los "géneros creados" se ha aclarado y vindicado en gran manera por medio de descubrimientos científicos y debates teológicos desde 1950,[8] ¿qué puede decirse entonces de los conceptos igualmente importantes de un mundo creado recientemente y de un Diluvio universal en los días de Noé? La *manera* en que Dios trajo a existencia todas las cosas (p.ej., por creación directa y no mediante un proceso evolutivo) está claramente expuesta en Génesis. Pero el *orden* en que sucedieron estas cosas (es decir, los árboles frutales antes que los animales marinos) y la cantidad de *tiempo* que esto llevó (literalmente seis días; cp. Exodo 20:11) también están claramente expuestos en Génesis. Y es precisamente el orden y la duración de estos acontecimientos de creación que exigen un origen reciente y una catástrofe de escala global (o para ser más exacto, un complejo de millones de catástrofes de un año de duración) en los albores de la historia humana.

Los creyentes que se han declarado a favor del sistema histórico/gramático de la interpretación bíblica (¿y qué otro sistema podría considerarse seriamente?) no pueden dejar de lado la cuestión de la duración de los días de la creación, ni la cuestión de la magnitud del Diluvio, como tampoco podría ignorarse la cuestión de si Cristo nació en Belén o no (una vez que se hayan puesto de acuerdo que nació de una virgen). El intérprete creyente, siguiendo el ejemplo de Cristo y de los apóstoles, aprueba en su *totalidad*, y no hasta cierto punto solamente, toda la historia bíblica. De la misma manera, ninguno que se considere científico podría promover con honestidad una teoría que deliberadamente ignora las claras evidencias de lo contrario. Un esquema de interpretación que rehúsa incluir *todos* los hechos debe abandonarse.

Especialmente desde principios de la década de 1960 el público creyente ha sido alertado a la necesidad de un *desafío bíblicamente consecuente y, por lo tanto fundamental, contra el cientificismo naturalista,* mediante los escritos de hombres de ciencia cristianos como Henry M. Morris, Duane T. Gish, George F. Howe, Walter E. Lammerts, John N. Moore, John W. Klotz, William J. Tinkle, Thomas G. Barnes, Paul A. Zimmerman, Harold S. Slusher, George L. Mulfinger, Wilbert H. Rusch, Sr., Frank L. Marsh, Melvin A. Cook, A. E. Wilder-Smith, E. H. Andrews, David C. C. Watson, Bolton Davidheiser, Robert V. Gentry, Steven A. Austin, D. Russell Humphreys, William M. Overn, Russell T. Arndts, Larry Vardiman, John Woodmorappe, Donald E. Chittick, Walter T. Brown, Jr., Clifford L. Burdick, Lane P. Lester, Robert L. Whitelaw, Paul D. Ackerman, Richard B. Bliss, Luther D. Sunderland, Malcolm Bowden, Ken Ham, Ian T. Taylor, Donald B. DeYoung, Joseph C. Dillow, Wayne Frair, Marvin L. Lubenow, Paul M. Steidl, Clifford Wilson, R. L. Wysong, Ariel A. Roth, Emmitt L. Williams, Robert E. Kofahl y A. W. Mehlert, para nombrar algunos.

Estos y muchos otros científicos que creen en una "creación reciente" han desafiado repetidas veces los mecanismos del evolucionismo y han expuesto a la vista las brechas abochornantes que hay en el registro de los fósiles, sólo para experimentar la total frustración de ver que los evolucionistas continúan poniendo su fe y esperanza en el sistema neo-darwiniano. Pero cuando *la escala cronológica de la historia evolucionista* es también desafiada, y los miles de millones de años de historia terrestre repentinamente *son reducidos a sólo unos cuantos miles de años,* los evolucionistas reaccionan con profunda emoción. El propio Charles Darwin experimentó esto; porque cuando Lord Kelvin (William Thomson) insistió en que la tierra no podría tener más que quince o veinte millones de años,

> . . . se refirió a Lord Kelvin como a un "odioso espectro" y temía que el darwinismo habría terminado si Kelvin estaba en lo cierto: "Estoy muy afligido por la corta duración del mundo según Lord Kelvin, puesto que para mi punto de vista teórico necesito un período muy largo".[9]

Por consiguiente, cuando John W. Klotz expuso la superficialidad de los argumentos evolucionistas típicos en su monumental obra *Genes, Genesis and Evolution,* este libro tal vez hubiera sido mucho mejor

El uniformismo y la candela encendida

Muchos científicos alegan tener métodos casi infalibles para determinar la edad de la tierra y de sus diferentes formaciones. Pero todos estos métodos están elaborados sobre suposiciones básicas que no pueden comprobarse: (1) la suposición del punto de partida o condición original, y (2) la suposición de una proporción de cambio uniforme desde ese punto de partida hasta el presente.

Considérese una candela encendida en una casa abandonada. En este momento se está quemando a razón de dos centímetros por hora. *Pregunta:* ¿Cuánto tiempo ha estado ardiendo y, por lo tanto, cuánto tiempo hace que la casa ha sido abandonada? *Respuesta:* Nadie puede saberlo hasta tanto no se conozca la altura de la candela cuando fue encendida la última vez y a qué velocidad se consumía al principio.

Pregunta: ¿Qué edad tiene la tierra? *Respuesta:* Nadie puede saberlo a menos que se conozca cuándo comenzó a existir y a qué velocidad se han producido los cambios desde entonces. Si comenzó como una masa fundida de roca y metal y se ha estado enfriando a una proporción uniforme, podría tener millones de años de edad. Pero si aceptamos lo que Dios dice en Génesis, la tierra fue creada con una corteza fría y océanos líquidos. Por lo tanto, no hubiera requerido millones de años para que se formen la corteza y los océanos. Esto es perfectamente razonable pues la tierra fue creada para ser el hogar del hombre (Salmo 115:16; Isaías 45:18). ¿Tuvo Dios que esperar millones (o billones) de años para hacer esto? Si Dios creó a Adán y Eva como seres "completamente adultos", ¿tuvo menos poder para crear una tierra "totalmente desarrollada"? Puesto que los uniformistas no saben en realidad de dónde podría haber venido el planeta tierra con sus elementos pesados, no hay otra alternativa que sea verdaderamente razonable para el modelo creacionista.

aceptado (aun en círculos cristianos algo indulgentes con la idea de la evolución teísta) de no haber sido por una declaración audaz como esta: "La Escritura indica que la edad de la tierra debe medirse en miles y no millones o billones de años".[10]

Catastrofismo bíblico versus uniformismo

Los geólogos históricos (es decir, geólogos especialistas en la historia de la tierra), son en realidad los que más han luchado contra la idea del Diluvio global en el comienzo de la historia humana. No es que su filosofía uniformista los presione a negar algunas o todas las catástrofes, puesto que el uniformismo es mucho más flexible hoy de lo que solía ser. En las palabras de Davis A. Young, un geólogo cristiano:

> La comunidad geológica abandonó el uniformismo sustantivo [es decir, la idea de que los procesos que actúan en el presente siempre deben haber actuado con la misma intensidad a lo largo de la historia] hace mucho tiempo. Uno hasta podría cuestionar si es que la comunidad geológica como un todo alguna vez adhirió con entusiasmo al uniformismo sustantivo".[11]

Cuando a los geólogos creyentes que sostienen el punto de vista de una tierra joven, se les acusa de ser "uniformistas", generalmente alzan su voz en protesta porque no quieren que su posición sea confundida con las posiciones extremas mantenidas por algunos geólogos uniformistas de los primeros tiempos.[12] A pesar de que ellos, al igual que sus colegas seculares, han abandonado mayormente el uniformismo sustantivo, sin embargo, geólogos cristianos como Davis A. Young están firmemente comprometidos al uniformismo *metodológico* (es decir, la teoría de que las leyes de la naturaleza no han cambiado, ni siquiera mediante intervención divina, desde el principio del universo, a pesar de que pueda ocurrir una catástrofe local grande).

En la obra *El Diluvio del Génesis* los autores definen cuidadosamente el término "uniformismo" tratando de dejar bien establecido que aunque muchos proponentes modernos de este concepto por cierto admiten varias catástrofes extensas a lo largo de la historia de la tierra, como enormes corrientes de lava (que ellos, a toda costa, tienen que explicarlo en términos puramente naturalistas), sin embargo, *no* admiten catástrofes globales sobrenaturales, como el gran Diluvio descrito en Génesis ni la destrucción final del mundo descrita en 2 Pedro 3 y otros pasajes. La verdad es que *no pueden* admitir ninguna *intervención milagrosa por parte de Dios* en el contexto natural de las relaciones de causa y efecto en este supuesto "universo cerrado" y aún ser considerados uniformistas.[13]

Los creyentes que entienden las Escrituras están bien enterados del hecho de que la Biblia recalca la validez del uniformismo en un sentido limitado durante la era post-diluviana y pre-escatológica en que vivimos *ahora* (véase 2 Pedro 3:7—"los cielos y la tierra que ahora existen, están reservados por la misma palabra, guardados para el fuego en el día del juicio . . ."). Esto se aplica especialmente a procesos *geológicos* actuales (p. ej., la velocidad de rotación de la tierra y la inclinación de su eje, Génesis 8:22), a procesos *astronómicos* (p. ej., el movimiento de los cuerpos celestes, Jeremías 33:20, 25)[14] y a procesos *meteorológicos* (cp. Eclesiastés 1:6 y Mateo 16:2, 3).

Además, dentro del marco de esta fase de la historia terrestre garantizada por Dios —esta "fase uniformista limitada"— las Escrituras tienen bien en cuenta los diferentes tipos de catástrofes locales que no son milagrosas, como los terremotos (véase Amós 1:1; Zacarías 14:5), inundaciones, erupciones volcánicas, enormes impactos meteóricos, etc. Los autores del libro *El Diluvio del Génesis* han hecho un esfuerzo especial para aclarar este punto.[15]

Asimismo, el catastrofismo bíblico mantiene que los procesos uniformistas deben ser la pauta *normal* y *característica* del control providencial de Dios sobre la tierra *a lo largo de la historia*, de otra manera los milagros perderían su identidad y significado en virtud de la misma frecuencia y familiaridad con que ocurren. "Una intervención milagrosa de tal magnitud adquiere importancia únicamente cuando se la compara con los antecedentes de un molde de actualismo básico".[16]

Finalmente, los autores de *El Diluvio del Génesis* recalcan que el catastrofismo bíblico, mientras que contradice el uniformismo geológico, es aplicable sólo a esos casos históricos *poco conocidos* donde Dios *"en las oportunidades mencionadas en las Escrituras"* (especialmente durante la semana de creación y el año del Diluvio) "intervino directamente en los procesos físicos normales del universo, ocasionando *por un tiempo* cambios significativos en los mismos".[17] Sin embargo, Davis A. Young, un geólogo creyente que rechaza la teoría del Diluvio global, dice prácticamente la misma cosa:

> El hecho de que Dios interviene ocasionalmenre no invalida la metodología uniformista como un principio de guía básico para entender esos lapsos de tiempo cuando Dios no intervino. La extrapolación de las leyes actuales hacia el pasado es, en la opinión del reseñador, un método legítimo para geólogos cristianos, excepto en aquellos casos donde las Escrituras indican inequívocamente que es un acto directo de Dios. No hay nada en las Escrituras

El monte St. Helens y el catastrofismo

"La erupción del monte St. Helens en el Estado de Washington el 18 de mayo de 1980, [fue] uno de los sucesos geológicos más importantes del siglo veinte en los Estados Unidos. . . . La capacidad de energía total, el 18 de mayo, era equivalente a 400.000.000 de toneladas de TNT — aproximadamente 20.000 bombas atómicas del tamaño de las que usaron en Hiroshima.

"Desde 1980 se han formado estratos de hasta 180 metros de espesor en el monte St. Helens [incluyendo] láminas y lechos de ceniza de piedra pómez fina desde un milímetro de espesor hasta más de un metro de espesor, cada una representando sólo unos cuantos segundos hasta varios minutos de acumulación. . . . El monte St. Helens nos enseña que las capas estratificadas que comúnmente caracterizan las formaciones geológicas pueden formarse muy rápidamente mediante procesos de flujo.

"Las olas generadas por los deslizamientos sobre el Lago Spirit desarraigaron los bosques desde las laderas adyacentes al lago y crearon una enorme capa de troncos compuesta de millones de madera rolliza que podía flotar . . . [los cuales] se están hundiendo gradualmente al fondo del lago . . . Muchos árboles flotan en posiciones verticales . . . Dichos árboles, si se quedan sepultados en el sedimento, similarán un bosque que creció en ese lugar durante cientos de años, lo cual es la interpretación normal para los 'bosques' petrificados verticales en el Parque Nacional de Yellowstone.

"La investigación mediante buceo de los troncos que se depositaron verticamente muestra que algunos ya están sólidamente enterrados por la sedimentación . . . Por lo tanto, los tocones que se han depositado verticalmente en el Lago Spirit, presentan inferencias de considerable importancia para la interpretación de los 'bosques petrificados' en el registro estratigráfico" (Steven A. Austin [Presidente del Directorio del Departamento de Geología en la Escuela de Graduados del ICR, Santee, California], "Mount St. Helens and Castrophism", *Impact* #157 (julio de 1986) pp. 1-3; condensado de su artículo ilustrado en *Proceedings of the First International Conference on Creationism,* 1986 — Actuaciones de la Primera Conferencia Internacional sobre Creacionismo, 1986 [Creation Science Fellowship], 1:3-9). Ver también "The Organic Levels of the Yellowstone Petrified Forests" [Los niveles orgánicos de los bosques petrificados de Yellowstone], de Harold G. Coffin; *Origins* 6:2 (1979), pp. 71-82; y "Mount St. Helens and Spirit Lake", *Origins* 10:1 (1983), pp. 9-17. Para fotografías espectaculares de la erupción referirse al Time (del 2 de junio de 1980); *National Geographic Magazine* 159:1 (enero de 1981); y *Planet Earth: Volcano*, de los Redactores de Time-Life Books (1982), pp. 140-169.

que descarte básicamente este enfoque uniformista, a pesar de que está puntualizado.[18]

No es esto una contradicción? ¿Permitiría un "geólogo uniformista metodológico", aunque sea por sólo un minuto, que su sistema de historia terrestre fuera "puntualizado" por un "acto directo de Dios"? Pero más importante todavía, ¿por cuál principio exegético o hermenéutico determina Davis Young que el Diluvio no era ni global ni era un "acto directo de Dios"? No tenemos que buscar por mucho tiempo para encontrar la respuesta. Aparentemente no es necesario estudiar para nada el texto bíblico. ¿Y por qué no? Porque los geólogos han hablado. "Sin embargo, hoy en día los geólogos han rechazado la catástrofe de un Diluvio global como una explicación comprensiva; no tanto por algún prejuicio filosófico sino, simplemente, porque no se han descubierto evidencias".[19]

Aunque ya hemos señalado que *hay* numerosos problemas a favor del Diluvio, este no es el punto principal del problema. Nuestra primera respuesta a Davis Young está en las palabras de Dios a través del apóstol Pedro, y es que aquellos que niegan el hecho de que el mundo fue destruido una vez por el Diluvio, lo niegan porque así lo *desean*. Por lo tanto, negar el Diluvio en nuestros días *es*, desde el punto de vista divino, tener un prejuicio filosófico.

En segundo lugar, le recordamos al doctor Young que tampoco se han encontrado evidencias directas de la creación del hombre a partir del polvo de la tierra, y que no obstante está dispuesto a escribir: "El creyente debe luchar hasta la muerte en contra de la noción de que el hombre evolucionó de una vida animal no humana".[20] ¿Tenemos el privilegio como creyentes de decidir *cuál* de los actos de Dios debemos defender "hasta la muerte"? ¿Deben los creyentes renunciar a la doctrina bíblica de un Diluvio universal simplemente porque ciertos geólogos insisten en que "no han encontrado evidencias"?

Por consiguiente, el catastrofismo bíblico *no* menoscaba todas las ciencias históricas; *no* introduce factores irracionales e impredecibles en lo que se conoce como los procesos normales del universo; y no desconoce la flexibilidad del estilo moderno de geólogos históricos en su deseo por permitir algunas catástrofes importantes (¡pero no sobrenaturales!) en el pasado. A la luz de esta posición adoptada por los autores de *El Diluvio del Génesis*, ¿qué se puede decir de comentarios como el siguiente, escrito por reconocidos eruditos evangélicos en reseñas que han publicado?

> Los autores castigan al "uniformismo" desde el principio hasta el fin. . . . Pero, llevado a su conclusión lógica, el enfoque de los autores destruiría completamente el método científico. Si yo quisiera ser bien descortés, podría preguntarle al Dr. Morris, "Por qué se toma el trabajo de estudiar y enseñar ingeniería?" Toda ley científica se basa en el uniformismo. Sólo debemos oponernos al dogmatismo de la ciencia. Los autores no vacilan en hacer uso de la ciencia centenares de veces para apoyar sus argumentos.[21]

Las siguientes palabras fueron escritas por "un educador cristiano con adiestramiento teológico, ajeno al campo de los geólogos profesionales":

> En varios lugares específicos los argumentos del libro dejan mucho que desear. Primero, una falsa definición del uniformismo se presenta como un "títere". . . . La realidad del asunto es que los geólogos mantienen que las leyes de física y química no cambian con el tiempo, pero los valores de los procesos geomórficos han variado y varían ampliamente. Esto es bien sabido hoy en día en la tectónica y la paleontología.[22]

Estas declaraciones, hechas por eruditos cristianos, son más que típicas del mal entendido fundamental y difundido que hay acerca del enorme abismo que separa al verdadero catastrofismo bíblico por un lado y al uniformismo (en cualquiera de sus formas—substantivo o metodológico) por el otro. Estos conceptos no sólo son simplemente diferentes en grado. *Son diferentes en clase.* Uno honra el testimonio de la inspiración de las Escrituras en su totalidad; el otro manipula las Escrituras a la luz de la lógica y la experiencia humanas, o la ignora completamente.

¿Son los geólogos superiores a las Escrituras?

Uno de los problemas en los debates corrientes sobre el Diluvio de Génesis es la inamovible confianza que muchos hombres de ciencia creyentes parecen tener en el concepto uniformista (metodológico) de la historia terrestre. Tales personas parecen estar diciendo que la cronología geológica que actualmente es popular debe mantenerse a toda costa si es que el cristianismo ha de tener valor como creencia para la mente del siglo veinte.

Por lo tanto, después de insistir en que él cree en la inspiración verbal de la Biblia y en la realidad de los milagros, un geólogo creyente afirma con audacia: "Pero para mí, como geólogo profesional, la Biblia no enseña el catastrofismo".[23] Pero, ¿qué capacidad especial puede tener uno en la ciencia de la interpretación bíblica, . . . en virtud de ser un "geólogo profesional"? ¿Puede un estudio de la geología histórica en una universidad corriente equiparlo automáticamente para usar el texto hebreo y griego de las Sagradas Escrituras? Debe el creyente dejar de lado todas las leyes bíblicas de hermenéutica y exégesis honradas por Dios y consagradas por el tiempo, que ha aprendido después de años de paciente estudio del texto original, cada vez que un *geólogo* se presenta declarando su autoridad sobre lo que el libro de Génesis puede o no puede decirnos? Por cierto que un geólogo tiene todo el derecho a creer o rechazar lo que quiera, pero ese no es el problema de la cuestión. Nuestra afirmación es que aunque tal vez rechace el concepto de un Diluvio global si así lo desea, no tiene derecho de ser aceptado como autoridad cuando dice que "la Biblia no enseña el catastrofismo".

El mismo geólogo continúa diciendo: "Es muy significativo que los geólogos creyentes no han elogiado *El Diluvio del Génesis* como lo han hecho otros creyentes".[24] Pero, ¿qué significa esto? ¿Que sólo los geólogos creyentes poseen la llave del conocimiento mediante la cual deben juzgarse las verdades de la Biblia? ¿Debería toda iglesia grande y toda institución cristiana de enseñanza superior tener a un geólogo en su personal permanente a fin de acelerar la tan importante tarea de explicar las muchas porciones de las Escrituras que tienen que ver con los orígenes y la historia previa a la época de Abraham? Además de la obra de inspiración del Espíritu Santo (1 Juan 2:27), la oración persistente (Salmo 119:18) y la capacidad de interpretar, lo que se adquiere cotejando con paciencia las Escrituras (Hechos 17:11; 1 Corintios 2:12-16; 2 Timoteo 2:15), ¿deben todos los verdaderos estudiantes de la Biblia agregar otro requisito, es decir, el de la aprobación oficial de geólogos profesionales para todas las interpretaciones que tengan que ver con la historia de la época anterior a Abraham?

Pocos geólogos creyentes parecen haber pensado bien en las implicaciones que esto puede acarrear. En primer lugar, tendríamos que tener para todos los creyentes una nueva "versión ampliada" de algunos de los dichos más conocidos de nuestro Señor para que se pueda leer así:

> Erráis, ignorando las Escrituras y el poder de Dios, y el consenso general *de la opinión geológica de mediados del siglo veinte en cuanto a la historia de la tierra* (Mateo 22:29 "versión ampliada").
>
> ¡Oh insensatos y tardos de corazón para creer todo lo que los profetas y *los geólogos del siglo veinte* han dicho! (Lucas 24:25 "versión ampliada").

Nosotros *no* estamos sugiriendo que un geólogo creyente toleraría aunque fuera por un momento semejante corrupción del texto Sagrado. Ni tampoco estamos cuestionando la estupenda contribución que *la ciencia geológica* ha hecho, bajo la providencia de Dios, para entender los accidentes de la tierra y sus procesos naturales durante *esta fase* de su existencia (desde el Diluvio y hasta la segunda venida de Cristo).[25] Lo que sí estamos diciendo es que muchos geólogos cristianos han fracasado en esa tan importante distinción entre la geología como una *ciencia* y la geología como una *filosofía* pseudocientífica.

Como es lógico, para hacer esta distinción necesitamos de una ayuda que está más allá de nosotros mismos y de nuestros colegas científicos. La verdad es que necesitamos *pautas infalibles otorgadas divinamente* que nos hagan posible evitar actividades y conceptos futiles y que no vienen al caso, que el empirismo, en la propia naturaleza del caso, no puede discernir.[26] Los verdaderos creyentes están persuadidos de que *ellos tienen dichas pautas en las Sagradas Escrituras.* Es más, los Protestantes han sostenido tradicionalmente que las Escrituras no sólo tienen *autoridad* divina, sino también que sus declaraciones son *lúcidas.*[27] Si no fuera así los creyentes estarían sujetos a la tiranía de varios "expertos" autodesignados sin cuya aprobación no podríamos creer en la Palabra de Dios. Seguramente que ningún geólogo que se considera creyente consecuente desearía ver la Palabra de Dios reducida a algo tan fuera de lugar. Pero si no se permite que la Biblia *sea su propio intérprete,* eso es exactamente lo que va a suceder.

Por dos o tres generaciones después de Darwin, fueron los "biólogos cristianos" los que persuadieron a la iglesia y sus teólogos a que acomodaran el Génesis a la teoría general de la evolución. Pero esto evidentemente fue una capitulación prematura, aun desde el punto de vista científico, pues ahora tenemos varios escritos de reconocidos geneticistas y biólogos calificados quienes rechazan totalmente el concepto neodarwiniano.[28] Al ampliarse el horizonte de la genética, la bioquímica y la paleontología, se ha puesto cada vez más en evidencia que esos teólogos que trataron de amoldar la infalible Palabra de Dios para que encajara en "el consenso general de la opinión biológica" en cuanto a los orígenes, se han equivocado trágicamente y han llevado a la iglesia a menoscabar su opinión con respecto a la autoridad de la Palabra de Dios. Sólo la eternidad revelará todo el mal de este desastre teológico. ¿No debería esto ser una clara advertencia al verdadero creyente de que la geología teórica no es más sacrosanta en la década de los 1980 que la biología teórica en la del 1940 o la astronomía teórica en 1920?

Troncos petrificados

"Allí hay miles de troncos petrificados, muchos de ellos en segmentos pequeños, otros completos y sin daño alguno . . . El diámetro promedio de los troncos es de 0,90 a 1,20 metros, y el largo de 18 a 24 metros. Se observan algunos troncos de 2,10 metros de diámetro máximo y de 34 metros de largo. Ninguno de los troncos está vertical, en posición de crecimiento, sino que todos han sido despojados de sus ramas y *están diseminados como si hubieran estado flotando en el agua y luego enterrados en los lugares donde se encuentran ahora.* Quizás los bosques originales estaban a miles de kilómetros de distancia. La estructura celular y las fibras están casi en perfecto estado de conservación por la sustitución molecular de la sílice . . ." (*Introduction to Historical Geology*, de Raymond C. Moore, 2ª. ed.; Nueva York: McGraw-Hill, 1958, pp. 401-402. Cursivas agregadas).

Robert H. Brown, director del Instituto de Investigación de Geociencia, llega a la conclusión siguiente: "La madera podría petrificarse en unos cuantos años si permaneciera saturada de agua que se haya filtrado de una capa de ceniza volcánica fresca" ("How Rapidly Can Wood Petrify?" [¿Con qué rapidez puede petrificarse la madera?] *Origins* 52 [1978], p. 113).

Los troncos petrificados representan un enigma para muchos científicos. Las evidencias señalan con bastante claridad una condición catastrófica que prevaleció en el tiempo del Diluvio, cuando estos miles de troncos fueron acarreados e incrustados en enormes atascamientos de troncos. Muchos parecen tener la corteza intacta, lo que indica que fueron enterrados rápidamente antes de que comenzaran a descomponerse. El tejido de la madera está muy bien conservado en forma de ágata. Los troncos fueron despojados de su follaje. *Esto no pudo haber sido una catástrofe local,* porque estas clases de árboles fósiles del período "triásico" están desparramadas por toda la zona del sudoeste. Ningún teólogo insiste en que el "bosque" está *in situ,* y es evidente que en el mundo actual no se está petrificando ningún tronco. (El autor expresa su agradecimiento al Dr. Steven A. Austin, del Instituto para Investigación de la Creación, por su ayuda en analizar el significado de los troncos petrificados.)

Un geólogo holandés contra *El Diluvio del Génesis*

Todos los creyentes pueden estar agradecidos por la importante luz que la ciencia de la arqueología bíblica ha podido dar a pasajes de las Escrituras que anteriormente eran oscuros. Pero, ¿qué clase de "luz" están tratando de arrojar algunos geólogos cristianos sobre ciertos pasajes de la Palabra de Dios?

J. R. van de Fliert, que ha sido Profesor de Geología Histórica y Tectónica de la Universidad Libre de Amsterdam desde 1960, ha adquirido gran renombre por su rechazo del catastrofismo bíblico a favor del uniformismo. Cuando se le pidió que rebatiera por escrito la obra *El Diluvio del Génesis* de Whitcomb y Morris, "se sintió muy renuente a hacerlo, pero finalmente accedió, cediendo a la presión de varios lados". El resultado fue un artículo bastante largo titulado, "Fundamentalism and the Fundamentals of Geology" [El fundamentalismo y los fundamentos de la geología], que es considerado por algunos científicos y teólogos como la última palabra sobre el tema de la "geología del Diluvio".[29] Dicho artículo apareció por primera vez en el número de primavera de 1968 del *The International Reformed Bulletin*, fue reimpreso en el número de septiembre de 1969 de *The Journal of the American Scientific Affiliation* y en el número de otoño de 1970 de *Faith and Thought* (revista del Instituto Victoria).

Hablando probablemente en nombre de la mayoría de los geólogos cristianos de la Afiliación Científica Americana, Roger J. Cuffey, del Departamento de Geología y Geofísica de la Universidad Estatal de Pensilvania, comenta:

> Primero, la impresión general que uno obtiene al leer este artículo es que (¡por fin!) aquí tenemos a un geólogo profesional con mucha experiencia, quien —a pesar de ser cristiano evangélico— acepta los descubrimientos de la geología moderna, y quien explica cuidadosamente el porqué los geólogos pseudocientíficos del Diluvio están equivocados (en términos que la mayoría de los laicos informados puede entender). Creo que es muy importante que la opinión de tales hombres como van de Fliert, sea puesta ante el público cristiano, a fin de que no sea engañado por las opiniones erróneas de gente (como los geólogos del Diluvio) que ignora la ciencia geológica moderna.[30]

Cuffey llegó a la conclusión de que el artículo del Profesor van de Fliert "contradice adecuadamente el antiuniformismo tan ampliamente aceptado entre los estudiantes evangélicos, *por lo tanto no veo necesidad alguna de hacer más comentarios sobre esta opinión errónea de la ciencia geológica*".[31]

William F. Tanner, un "geólogo asesor" cristiano concuerda en que el artículo es excelente, pero, "el argumento podría ser mucho más fuerte de lo que lo hace van de Fliert". La verdad es que su opinión "es bien moderada y no extrema".[32]

Donald C. Boardman, jefe del departamento de geología del Wheaton College, exclamó:

> Es hora de que los científicos creyentes hablen y sean reconocidos en lo que se refiere a la "geología del diluvio" y las interpretaciones de las Escrituras. Van de Fliert está absolutamente correcto cuando dice: "Damos un golpe de muerte a la religión cristiana cuando rebajamos las Sagradas Escrituras al nivel de la ciencia, enseñando que la Biblia debiera darnos algo así como un cuadro científico mundial o axiomático de la geología histórica . . ."[33]

Con una recomendación así, sin duda que muchos creyentes han acudido al artículo del profesor van de Fliert, anticipando encontrar las *respuestas definitivas* que necesitaban para las preguntas de vital importancia que han confrontado a cristianos en el gran conflicto de la geología del Génesis de los tiempos modernos. Al tratar de armonizar el relato bíblico con la geología histórica, uno naturalmente esperaría encontrar alguna nueva evidencia de que los días de Génesis en realidad eran siglos o que hubo una enorme brecha de tiempo entre los primeros dos versículos o entre algunos otros versículos del capítulo uno de Génesis, además de alguna exégesis perspicaz, que muestre terminantemente que el relato bíblico describe un Diluvio más bien local y no global. Pero, ¿encontramos dichas soluciones (o esfuerzos por solucionar algo) en dicho artículo? No. El profesor van de Fliert "resolvió" el conflicto de una vez por todas diciéndonos que nunca hubo tal conflicto. Génesis 1 al 11 pueden interpretarse de cualquier forma que querramos porque sus declaraciones no se pueden probar ni refutar por medio de la ciencia. Es un documento puramente religioso, así como Karl Barth, Emil Brunner, Rudolph Bultmann y otros teólogos neo-ortodoxos y existencialistas habían estado insistiendo por muchos años. Así que ahora, después de tanto tiempo, a la "luz" de este gran descubrimiento, los "astrónomos, geólogos y biólogos creyentes pueden trabajar sin temor, mientras respeten los límites de sus propios campos científicos".[34]

Por consiguiente, usando la descripción que Cuffey da de van de Fliert, "un geólogo profesional de amplia experiencia, quien —a pesar de ser un cristiano evangélico— acepta el descubrimiento de la geología moderna", *elimina eficazmente los primeros capítulos de Génesis sin el uso de un solo argumento exegético, contextual o teológico.* El artículo de van de Fliert comienza con esta asombrosa declaración:

Estalactitas y estalagmitas debajo del monumento a Abraham Lincoln

Una "cortina" de estalactitas aumenta de longitud desde el cielo raso de la base del monumento a Abraham Lincoln en la ciudad de Washington, D.C. (foto izquierda). Algunas de las estalactitas que se formaron por la acumulación de carbonato de calcio (CaCO3) varían hasta *1,50 metros de largo.* El monumento se construyó en 1923, y esta foto fue tomada el 12 de febrero de 1968.

Una estalagmita y su estalactita compañera (foto derecha) crecen la una hacia la otra debajo del monumento de Lincoln. Con el tiempo llegarán a juntarse para formar un eslabón mineral entre el cielo raso y el suelo.

En muchas cuevas actuales el proceso de crecimiento de piedras porosas es mucho más lento que esto pero, aun así, en muchas cuevas el proceso de crecimiento lento no se puede tomar como algo típico ni uniforme. Las enormes edades que generalmente se les asigna a tales formaciones dentro de ciertas cuevas pasan por alto una gran variedad de factores como: (1) la frecuencia de la gotera de agua; (2) la concentración de sales en la solución; (3) los distintos tipos de sales en la solución, por ejemplo, la solubilidad; (4) la rapidez con que se evapora el agua; (5) la proporción de la evaporación del anhídrido carbónico; y (6) el grado de evaporación (parcial o completo). Por lo tanto, no sería correcto *suponer* que los numerosos factores que afectan a la proporción del crecimiento son los mismos en todos los casos. (El autor expresa su agradecimiento a los profesores George Mulfinger y Ray Gsell por la ayuda en la interpretación de estas formaciones de piedras porosas.)

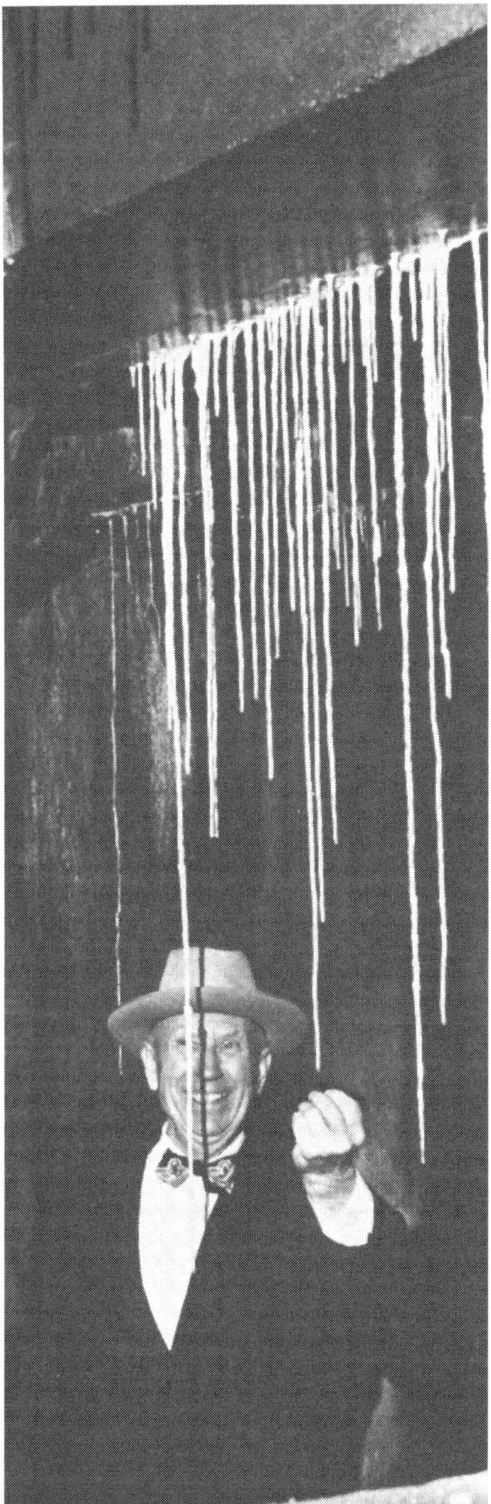

> Cualquier intento por armonizar la geología histórica de hoy con el relato de los primeros capítulos de Génesis representa una mala interpretación de la crónica de Génesis . . . La Biblia no nos da bosquejos de geología histórica ni relatos de actos divinos de creación que pueden controlarse científicamente . . . Los cristianos que sí creen en Dios . . . corrompen totalmente la tarea científica cuando comienzan con una supuesta geología bíblica histórica elemental (de hecho, impuesta por ellos sobre la enseñanza bíblica) dentro de la cual los datos geológicos deben luego ajustarse.[35]

Al concluir su artículo van de Fliert hizo énfasis sobre sus puntos principales:

> El punto de vista fundamentalista o biblicista . . . implica la creencia de que la Biblia nos enseña principios, fundamentos o elementos de ciencia humana en general y de la ciencia histórico-geológica en particular. Para el fundamentalista, por lo tanto, la confianza en la Biblia como la Palabra de Dios se relaciona con la confiabilidad *científica*. Para dicha persona esto es muy cierto en relación con los primeros once capítulos de Génesis. Este concepto, sin embargo, implica inevitablemente que la ciencia y la revelación de Dios en los primeros capítulos de la Biblia, son puestas sobre un mismo nivel (científico), sobre cuya base toda información científica obtenida de la historia de la tierra y del hombre tendrá que ajustarse al "esquema o estructura bíblica".[36]

Hagamos una pausa para analizar estas declaraciones extraordinarias. Si esta es una base válida para abordar los primeros capítulos de Génesis, también debe ser válida para otras partes históricas de la Biblia. ¿Qué sucedería si *arqueólogos* cristianos o *historiadores* cristianos adoptaran este enfoque de la historia bíblica? Para ayudarnos a medir la magnitud de este disparate teológico tomaremos las palabras de van de Fliert sustituyendo (en cursivas) el término "geología histórica" por "historia" y la palabra "Génesis" por "Exodo".

> Cualquier intento por armonizar la *historia de* hoy con el relato de los primeros capítulos de *Exodo* representa una mala interpretación de la crónica de *Exodo* . . . La Biblia no nos da bosquejos de *historia* ni relatos de actos divinos de creación que pueden controlarse *históricamente* . . . Los cristianos que sí creen en Dios . . . corrompen totalmente la tarea *histórica* cuando comienzan con una supuesta *historia* bíblica elemental (de hecho, impuesta por ellos sobre la enseñanza bíblica) dentro de la cual los datos *históricos* deben luego ajustarse . . . Este concepto, sin embargo, implica inevitablemente que la *historia* y la revelación de Dios en los primeros capítulos de *Exodo* son puestas sobre el mismo nivel *histórico*, sobre cuya base los datos obtenidos *históricamente* acerca de la *historia de Egipto e Israel* tendrían que ajustarse al "esquema o estructura bíblico".

¿Hubieran dado su aprobación el *International Reformed Bulletin* o *la Faith and Thought* (revista del Instituto Victoria) o aun el *Journal of the*

American Scientific Affiliation, que sancionaron la publicación del folleto de van de Fliert de los primeros capítulos de Génesis, para que substituyeran las palabras arriba mencionadas en relación con los primeros capítulos de Exodo? Suponemos que no, pues en ese mismo momento dejarían de ser reconocidas como publicaciones evangélicas y perderían el apoyo de creyentes evangélicos.

Pero, ¿qué clase de prestidigitación tendríamos que hacer para manejar al libro de Exodo de una manera y a Génesis de otra? *Ambos* son mencionados como documentos históricos de autoridad por el Señor Jesucristo y los apóstoles. *Ambos* están llenos de detalles acerca de las épocas, lugares y personas que caracterizan a la historia formal. En el estudio *The Literary Form of Genesis 1-11* [La forma literaria de Génesis 1-11], Walter C. Kaiser, Jr., Decano Académico y Profesor de Antiguo Testamento del Trinity Evangelical Divinity School, hizo notar que en los primeros once capítulos de Génesis:

> hay 64 términos geográficos, 88 nombres personales, 48 nombres genéricos y por lo menos 21 elementos culturales que se pueden identificar (como oro, joyas, onix, cobre, hierro, madera de gofer, betún, mortero, ladrillos, piedras, arpa, cañería, ciudades, torres) en esos primeros capítulos. La importancia de esta lista puede verse al compararla, por ejemplo, con "la pobreza de referencias en el Corán". El capítulo diez de Génesis tiene cinco veces más información geográfica que todo el Corán". Cada uno de estos puntos presenta la posibilidad de establecer la confiabilidad de nuestro autor. El contenido presenta una descripción del mundo real en vez de relatar sucesos que pertenecen a otro mundo o nivel de realidad".[37]

Walter C. Kaiser concuerda con la profunda obra *Studies in Genesis One* [Estudios en Génesis 1], de Edward J. Young, y termina diciendo:

> La decisión es fácil: Génesis 1—11 está escrito en prosa y no es poesía. El uso consecutivo del término hebreo *waw* junto con el verbo para describir actos en sucesión, el uso frecuente del símbolo de objetos directos y del llamado pronombre relativo, el énfasis sobre las definiciones y la propagación de estos hechos en orden de sucesión, indican que *es prosa y no poesía*. No importa lo que nosotros digamos, el autor indica claramente que está haciendo lo mismo en estos capítulos que lo que está haciendo en los capítulos 12 al 50. Si queremos ver una muestra de la poesía del autor, con su paralelo hebreo y pares fijos, el pasaje de Génesis 4:23-24 servirá de ilustración.[39]

Por consiguiente, Génesis 1—11 es *historia auténtica, detallada, correcta y en prosa*. Con todo, el profesor van de Fliert, junto con otros de sus colegas de la Universidad Libre de Amsterdam, fue influenciado tan profundamente por la forma de pensar barthiana y existencialista, que para él gran parte de la historia bíblica ha perdido su verdadero significado.[40] Para tales hombres, el libro de Génesis y otras porciones de la Palabra de Dios que hablan de acontecimientos sobrenaturales, ya no pertenecen a la esfera de la *historia verídica,* sino que están clasificados como "super-históricos". Cuando se le quita el velo de la semántica a esta palabra, descubrimos que "super-histórico" simplemente quiere decir *no histórico.*[41] En las palabras de Merle Meeter:

> Van de Fliert trata de menoscabar la Escritura al estilo de la neo-ortodoxia de Bultmann y del neo-barthianismo de sus colegas T. Baarda, H. M. Kuitert y J. L. Koole, que impugnan la confiabilidad de los autores bíblicos por un argumento *sitz-im-leben* de su relativa ignorancia (históricamente acondicionado, según se afirma) y, por consiguiente, inevitable error: "No puede negarse [declara sentenciosamente van de Fliert], ni debiera negarse, que como resultado de este acontecimiento nuestro cuadro (científico) mundial (Weltbild) ha adquirido enormes dimensiones, tanto en tiempo como en espacio, y se ha vuelto completamente distinto al de los autores de la Biblia".[42]

Con lógica devastadora y una selección excelente de términos, Meeter termina su análisis de la exposición de van de Fliert de esta manera:

> Semejante pronunciamiento no sólo es un engreimiento intelectual parroquial sino que revela una actitud humanística precondicionada y arrogante hacia los que, guiados por el Espíritu Santo, escribieron la Biblia (así como también hacia lo que escribieron), que termina con la consiguiente negación de la confiabilidad bíblica. Por lo tanto, tal afirmación es también una detracción inconsciente del único Dios verdadero y santo que habla con autoridad en su Palabra a la humanidad, pues no importa lo que la Biblia diga, lo dice sin equivocarse. Pero *leemos mal* debido a nuestra idea antibíblica preconcebida y nuestra capitulación adaptacionista, y finalmente apóstata a las normas del naturalismo en sus diferentes máscaras quasi-científicas contemporáneas.[43]

Sin embargo, el profesor van de Fliert nos asegura que el libro de Génesis no corre ninguna clase de peligro pues "la confiabilidad de la Palabra de Dios hablada en este mundo por medio de sus profetas y apóstoles *está más allá del alcance del control científico* porque *la Biblia no es un libro científico.* Como tal, no es vulnerable a los resultados de la ciencia".[44] Pero si la Biblia está fuera del alcance del control científico y no es vulnerable a los resultados de la investigación científica (o histórica), sus conceptos se convierten en algo pueril e insípido como las aventuras de las antiguas deidades babilónicas o la teología del hinduismo. Las doctrinas bíblicas de la Creación y del Diluvio caerían también dentro de las definiciones de Sir Karl Popper, de "malas teorías".

> Una teoría que no se puede refutar con cualquier suceso concebible no es científica. La irrefutabilidad no es la virtud de una teoría (como muchos

> piensan a menudo), sino un vicio. Toda "buena" teoría científica es una prohibición: prohibe que ciertas cosas sucedan. Cuanto más prohiba una teoría, tanto mejor. Las confirmaciones sólo debieran tener importancia si son el resultado de *predicciones arriesgadas;* es decir, suponiendo que no estamos iluminados por la teoría en cuestión, tendríamos que haber esperado un resultado que no era compatible con la teoría: algo que la hubiera rechazado.[45]

Este es el error descomunal de la neo-ortodoxia y el existencialismo teológico. Al tratar de "rescatar" la Palabra de Dios de toda contaminación posible "elevándola" a la esfera del *Heilsgeschichte* ("historia de la salvación") —una esfera de "eternidad" donde ningún historiador, arqueólogo o científico puede jamás probar sus declaraciones— la teología existencial sólo ha logrado que la Palabra de Dios sea algo totalmente *inaplicable, inescrutable* y, por consiguiente, *carente de sentido.*[46]

¿Es esta realmente la clase de ayuda que los creyentes necesitan del profesor van de Fliert para poder adquirir una mejor comprensión del libro de Génesis? ¿No revela claramente esto que un largo e intenso estudio de los fenómenos geológicos y las teorías geológicas solamente no lo constituyen a uno en un teólogo y "obrero que no tiene de qué avergonzarse, que usa bien la Palabra de verdad" (2 Timoteo 2:15)? Y, ¿demuestra esto, de una vez por todas, que *la única manera consecuente de negar la doctrina del Diluvio universal es negar que en Génesis no se enseña ninguna historia verdadera?*

Van de Fliert ve en el fundamentalismo una fe poco madura que debe vincular estrechamente a la Escritura con la ciencia, y es culpable, por lo tanto, de "una colosal exageración de la ciencia".[47] Pero estas palabras son en verdad extrañas al venir de la pluma de un científico cuya estimación de la ciencia es tan alta que puede considerarla como "un instrumento exegético indirecto" diseñado para "probar si nuestras ideas y conceptos de la Biblia, la inspiración y la historia de los primeros capítulos de Génesis, son dignos de confianza". En realidad, "los resultados de los adelantos científicos y técnicos humanos durante los últimos siglos" constituyen algo así como una clase de *"revelación"* que nos ha introducido a un "cuadro mundial científico (Weltbild)" que es "completamente distinto al de los autores de la Biblia".[48] *Por lo tanto, la ciencia es la nueva revelación para el hombre moderno y provee el instrumento exegético esencial para determinar la confiabilidad de las Escrituras.* Así, pues, en las palabras de un eminente teólogo:

> Cuando [J. R. van de Fliert] como geólogo comienza a trabajar con instrumentos humanos finitos, y considera que en las conclusiones de los

> geólogos con respecto a la edad de la tierra, su formación y posibilidad de un diluvio mundial, ***la Biblia está ligada a la ciencia.*** Se le hace decir a la Biblia lo que ese pequeño esfuerzo humano, llamado ciencia natural, ha producido . . . El resultado final es que a la ***ciencia natural se le otorga una voz autoritaria.***[49]

Tan seguro está el profesor van de Fliert de que la ciencia (especialmente la geología) debe ser la autoridad que nos guíe para manejar el libro de Génesis que, en realidad, ha puesto grandes letreros alrededor del libro de la Palabra de Dios que dicen: "Teólogos, váyanse a sus casas".

> En este campo vemos entrar a teólogos, como lo hace ahora el profesor Whitcomb, como lo hizo el profesor Aalders en Holanda hace unas décadas, y como tantos otros lo han hecho antes que ellos, desde el final de la Edad Media. Pero estas batallas "científicas" por una Palabra de Dios infalible se han perdido desde el principio. Retrocediendo constantemente, los teólogos han tenido que abandonar cada una de las posiciones que habían tomado en esta refriega. Eso es lo que la historia de la lucha entre la ciencia y la teología debería haber aclarado terminantemente bien.[50]

¿Puede dicho geólogo holandés estar hablando en serio sobre este punto? ¿Está tratando de decirnos que los teólogos no tienen ningún derecho a asegurar la verdad histórica de ningún suceso milagroso registrado en las páginas de las Sagradas Escrituras? No hay duda entonces de que se ha unido al grupo de existencialistas que creen que Cristo "resucitó de los muertos" a la vez que niegan que la tumba quedó vacía.

> Pero si se predica de Cristo que resucitó de los muertos, ¿cómo dicen algunos entre vosotros que no hay resurrección de muertos? Porque si no hay resurrección de muertos, tampoco Cristo resucitó. Y si Cristo no resucitó, vana es entonces nuestra predicación, vana es también vuestra fe (1 Corintios 15:12-14).

Esta perspectiva podrá ser popular entre los existencialistas, pero es claramente anticristiana, pues negar la resurrección corporal de Cristo como un acontecimiento histórico es negar totalmente el cristianismo (cp. Romanos 10:9-10 y 1:4).

Si el profesor van de Fliert insiste en que *acepta* el testimonio de los cuatro Evangelios de que hubo una tumba vacía, entonces, ¿mediante qué cambio de marcha hermenéutico niega los hechos milagrosos de Génesis, que los cuatro Evangelios confirman una y otra vez?

Los cristianos evangélicos han reconocido hace ya mucho tiempo que la Biblia no es un "libro de texto científico" en el sentido categórico de un compendio de descripciones detalladas de toda clase de cosas y acontecimientos. Pero desde otro punto de vista es definitivamente un libro de texto científico. Es un libro de texto autoritativo e infalible sobre *la filosofía de la ciencia.* Provee para el hombre la estructura de referencia necesaria fuera de la cual la verdadera ciencia, en el sentido fundamental, sería algo imposible de lograr. Pero yendo más allá de esto, la Biblia nos provee una crónica exacta y objetiva de los sucesos que tienen enormes implicaciones científicas desde el punto de vista de nuestro panorama del mundo y la vida. En las palabras de Edward J. Young:

> Aun cuando Génesis no implica ser un libro de texto de ciencia, sin embargo, cuando llega a mencionar asuntos científicos, es exacto. La ciencia nunca ha descubierto hechos que estén en conflicto con las declaraciones de Génesis 1 . . . Ni por un instante podríamos considerar sus declaraciones exactas en oposición con la verdadera ciencia.[51]

Henry M. Morris contesta a J. R. van de Fliert

Después que apareció la crítica de van de Fliert sobre *El Diluvio del Génesis,* el coautor Henry M. Morris respondió al editor con una carta:

> Agradezco mucho la atención que el profesor van de Fliert le ha dedicado a nuestro libro, ya que la mayoría de los geólogos profesionales no le han hecho caso. No obstante, lamento que se permitió usar un lenguaje emocional en su discusión ("increíble", "disparates escandalosos", "extremadamente peligroso", "pretendidos valores científicos", etc.). Una evidencia de que el uniformismo evolucionista es una religión más bien que una ciencia, está en el hecho de que sus defensores casi invariablemente reaccionan emocionalmente cuando algún colega científico lo pone en duda.
>
> Estamos de completo acuerdo con casi todo el artículo de van de Fliert y nos extraña que incluya tanto sobre lo que está de acuerdo con *El Diluvio del Génesis* en una polémica en contra del mismo. En muchos casos pareciera que está luchando contra un títere preconcebido por él mismo , como aquellos evolucionistas que siempre están atacando la supuesta docrina creacionista de la fijación de las especies.
>
> Así, pues, siempre hemos hecho énfasis sobre la uniformidad de la ley natural como principio básico en la ciencia. De la misma manera, reconocemos que hay abundante evidencia de extensos movimientos de tierra en el pasado, incluyendo los sobreescurrimientos, los plegamientos y otros accidentes tectónicos extraordinarios que no se ven hoy en día. Como hidrólogo e ingeniero hidráulico creo, sin duda, que los mismos principios básicos de la hidráulica que están actuando hoy estaban en vigencia cuando las tierras y ríos de antaño fueron erosionados y se depositaron los antiguos sedimentos. Es más, reconocemos el valor de la columna geológica normal como elemento taxonómico y el hecho de que los estratos generalmente aparecen en el orden aceptado y que los criterios paleontológicos de identificación son generalmente válidos.
>
> Pero el punto de discusión en *El Diluvio del Génesis* (y que no fue discutido

por el profesor van de Fliert) es que hay un gran número de excepciones en el orden usual en los cuales los supuestos criterios físicos del escurrimiento, la modificación, etc., *no* están presentes, y de que hay una gran cantidad de accidentes geológicos que (sobre principios uniformistas consecuentes) no podrían de ninguna manera correlacionarse con los fenómenos geológicos que los geólogos modernos han observado, ya sea cuantitativa como cualitativamente (p.ej., los terrenos volcánicos, la glaciación continental, la orogenia, la formación de peniplanicies, los cementerios de fósiles, los meandros incisos, la aluviación regional, la formación de desfiladeros submarinos, y muchos otros). A muchos de nosotros nos parece que tales cosas exigen terminantemente cierta clase de catastrofismo, aunque dentro de la estructura de una ley natural uniforme.

Desde la década en que se escribió *El Diluvio del Génesis* (aunque no deseo sugerir ninguna conexión) ha surgido una interesante reacción de parte de geólogos ortodoxos en contra del antiguo uniformismo, con un franco reconocimiento creciente de que el catastrofismo local o regional, es fundamental para la interpretación geológica. He considerado esta tendencia hasta cierto punto en dos de mis escritos.[53] Es claro que todavía hay la misma antipatía de siempre en cuanto a la idea de un cataclismo mundial, como el del Diluvio descrito en la Biblia.

En el libro intentamos ver, de manera exploratoria, cómo los datos realmente observados de la geología y de otras ciencias podrían armonizar con el relato bíblico del Diluvio. En dicho libro recalcamos repetidas veces que las interpretaciones geológicas que proponemos son tentativas y están sujetas a revisión con estudios y evaluaciones adicionales. Sin embargo, el punto en que hacemos hincapié es que *debe mantenerse la presuposición cristiana básica de la infalibilidad y claridad del relato de Génesis*. Si esto no se hace, entonces el sistema que queda puede que sea teísta, pero no puede ser ni bíblico ni verdaderamente cristiano.

Es este requisito fundamental que no sólo van de Fliert sino todos los otros críticos de *El Diluvio del Génesis* han ignorado estudiosamente. Los críticos han hecho hincapié sobre ciertas supuestas faltas en nuestra perspectiva geológica (p. ej., nuestra alegada falta en reconocer la verdadera naturaleza del concepto uniformista de los geólogos, la supuesta impropiedad de documentar nuestra forma de pensar con citas de hombres que no están de acuerdo con ella, y nuestra alegada ignorancia del hecho de que hay en verdad algunos ejemplos de sobreescurrimiento, regeneración de sedimentos, mezcla faunal y otros fenómenos, cuya aplicabilidad universal poníamos en duda, etc.), pero siempre pasan por alto el hecho mucho más importante y fundamental de que *la inequívoca Palabra de Dios escrita nos enseña que hubo un cataclismo que destruyó el mundo en los días de Noé*.

Como es lógico, esta reacción puede esperarse de geólogos que no son creyentes, y para quienes el relato bíblico de todos modos es completamente inaplicable. Pero es desalentador y confuso cuando científicos evangélicos, que insisten en que creen en la autoridad divina de la Biblia, al mismo tiempo ignoran esta poderosa evidencia bíblica de un cataclismo mundial conforme se la presenta en *El Diluvio del Génesis* y también en muchos otros lugares. Que esta es una exposición correcta de la situación ha sido confirmado en un estudio reciente[54] por un hombre que ha analizado todas las críticas y reseñas de *El Diluvio del Génesis* desde su primera edición.

El profesor van de Fliert admite, de hecho, de que "nuestro cuadro mundial científico se ha vuelto diferente al de los autores de la Biblia".[55] Para él, por lo tanto, el hecho de que el escritor de Génesis (como así también Job, David, Isaías, Pablo, Pedro, y aun Cristo mismo) creía en un Diluvio global, es de poca importancia. Piensa que este asunto puede resolverse simplemente diciendo que "la Biblia no es un libro científico". Hasta piensa (y uno se queda casi estupefacto ante esta clase de circunloquio de parte de un científico serio y un cristiano) de que el aplicar la doctrina de la infalibilidad bíblica a asuntos históricos es una "sobreestimación colosal de la ciencia".

Los científicos y filósofos ateos, por otra parte, razonan con más sinceridad. Para ellos, si no se puede confiar en la Biblia cuando trata de asuntos de observación y experiencia humanas (p. ej., ciencia e historia) — algo que hace con gran énfasis y frecuencia— entonces indudablemente no se puede confiar en ella cuando trata de cosas intangibles como el pecado y la salvación, el cielo y el infierno — y Dios.

El espacio disponible para esta comunicación no nos permite refutar la crítica del profesor van de Fliert sobre nuestra discusión de la clasificación hidrodinámica como explicación parcial de las divisiones litológicas y paleontológicas en los estratos de un afloramiento sedimentario, o del sumamente incierto grado de crecimiento e historia posterior de antiguos arrecifes de coral, o de otros problemas geológicos. Me resta decir que no ha dado ninguna solución a estas cuestiones.

Pero esto no es lo importante. Reconozco nuevamente que hay muchos, pero muchos problemas en la geología para los cuales no tenemos una respuesta adecuada en lo que respecta a la estructura bíblica, a pesar de que podemos ver en forma general cuántos de los datos pueden reinterpretarse para que correlacionen con ella. Por otra parte, hay problemas mucho más serios para los evolucionistas y uniformistas dogmáticos.

El verdadero tris del asunto, sin embargo, es "¿Qué dice la Escritura?" En *El Diluvio del Génesis*, así como en otros de nuestros escritos, el Dr. Whitcomb y yo hemos sostenido, con un número considerable de francos argumentos bíblicos, que la Biblia habla de una creación reciente especial de todas las cosas y de un Diluvio mundial, y de que no hay una interpretación posible de la Biblia que pueda acomodar la evolución y los períodos geológicos. *Hasta la fecha nadie ha respondido a estos argumentos.*

Por ejemplo, ¿cómo podemos armonizar el concepto de miles de millones de años de variación aleatoria, lucha por la existencia, selección natural, evoluciones que terminan en callejones sin salida e innumerables extinciones, enfermedad, confusión, desorden, deterioro, matanza y muerte, con el hecho de un Dios de perfecta sabiduría, orden, poder y gracia, quien podía crear con toda facilidad todas las cosas completas y perfectas desde el principio (como lo ha revelado en su Palabra) pero quien, de acuerdo con el evolucionista y uniformista consecuente, eligió, en cambio, la tortuosa senda de la evolución? Este es un problema teológico serio que no puede arreglarse con una mofa o trivialidad.

Creo que cada científico y teólogo evangélico debe a la comunidad cristiana el hacer una de dos cosas: (1) desarrollar una sana exégesis bíblica de los capítulos fundamentales de la Biblia (Génesis 1 al 11) que sea compatible con el resto de las Escrituras, y que garantice claramente su aceptación de las edades geológicas y el punto de vista general del mundo según la evolución;

La rápida formación de yacimientos petrolíferos

Los uniformistas deben creer que el petróleo se formó gradualmente hace más de 25.000.000 de años. Pero las grandes presiones en los profundos pozos de petróleo que hay en el mundo hacen que esto sea imposible. "Las grandes presiones como éstas requieren soterramiento profundo y repentino. Es más, el retenerlas durante períodos entre 10.000 a 100.000 años es aparentemente imposible bajo la observada impermeabilidad (la capacidad de permitir infiltraciones de fluidos) de los yacimientos petrolíferos y la formación de dislocaciones" (*Prehistory and Earth Models*, de Melvin Cook, p. 341; cp. pp. 233-253). "Ya se ha demostrado experimentalmente que la materia celulosa (derivada de las plantas), como los desperdicios o el estiércol, puede convertirse en petróleo de buen grado en 20 minutos . . . Los experimentos llevados a cabo por científicos del Bureau de Minas (de EE.UU.), donde al estiércol vacuno lo convirtieron en petróleo, se describen en la página 14 de la revista *Chemical and Engineering News*, del 29 de mayo de 1972. En el proceso se pueden utilizar otras materias celulosas como madera, cortezas . . . El estiércol fue calentado a 700 grados Fahrenheit y sometido a una presión de 2000 a 5000 libras por pulgada cuadrada durante 20 minutos en una atmósfera de monóxido de carbono y vapor. *El producto resultante fue un petróleo pesado de excelente calidad térmica.* El rendimiento fue de unos tres barriles de petróleo por cada tonelada de estiércol . . . El protoplasma y la clorófila están presentes en organismos marítimos. Estos componentes se descomponen con facilidad, *por lo que no sería difícil dar comienzo a la reacción, aun a una temperatura relativamente baja, durante la conversión a gas y petróleo de estos organismos.* El calor generado por la compresión, el aumento de la temperatura a raíz de la profundidad, el calor generado por la fricción y el empuje de la corteza causado por los tremendos soterramientos cataclísmicos y movimientos terrestres que ocurrieron durante la época del Diluvio, habrían originado el ascenso en la temperatura lo suficiente para iniciar la reacción exotérmica (durante esta reacción química se despide calor). ("Petroleum in Minutes, Coal in Hours" [Petróleo en minutos; carbón en horas], de Duane T. Gish, *Acts & Facts*, tomo 1, Nº 4.) Véase también "The Chemistry of Oil Explained by Flood Geology" [La química del petróleo explicada por la geología del Diluvio] de David R. McQueen, *Impact*, Nº 5 (mayo de 1986).

o (2) desarrollar una re-interpretación de los hechos geológicos observados y otras ciencias para correlacionarlos con las realidades de la revelación bíblica tocante a la historia primitiva del mundo, centrado en una Creación especial, en la Caída del hombre y en el Diluvio.

Sólo puede haber confusión y peligro si se continúa adornando la superestructura, cuando el fundamento se ha destruido.[56]

"Habla a la tierra, y ella te enseñará"[57]

Consideremos ahora hasta dónde la Biblia provee una *filosofía de geología histórica*: un marco de referencia dado por Dios sin el cual la ciencia de la geología nunca podría realizar su verdadero objetivo de explicar todas las distintas fuerzas que han afectado y seguirán afectando al planeta tierra. ¿Puede un análisis de la historia bíblica darnos ejemplos concretos de fenómenos geológicos que no se pueden explicar aparte de algo puramente sobrenatural? Comenzando con un episodio famoso que se relata en los cuatro Evangelios, en el cual nuestro propósito será descubrir un principio teológico fundamental, pasaremos luego a varios pasajes del Antiguo Testamento que ilustran y amplían este principio.

¿Quién movió la piedra?[58]

Los cuatro Evangelios nos dan detalles considerables sobre una de las más famosas piedras de la historia: la piedra que bloqueaba la entrada de la tumba del Señor Jesucristo. Mateo nos dice que José de Arimatea hizo rodar "una gran piedra" (Marcos dice que la piedra "era muy grande"; 16:4) contra la entrada del sepulcro y que la piedra fue sellada a la tumba por indicación de las autoridades judías y romanas a fin de impedir que ninguno de los discípulos robara el cuerpo de Jesús (Mateo 27:57-66). Allí estaba la piedra, puesta en su lugar por los planes y la energía humana, y ahora firmemente fijada por la fuerza de gravedad y el decreto gubernamental.

Pero, ¿qué sucedió con esta gran piedra? Todo verdadero creyente lo sabe. Durante la noche "un ángel del Señor, descendiendo del cielo y llegando, removió la piedra"(Mateo 28:2).[59] Nos encontramos ahora enfrentando de lleno una pregunta fundamental: ¿Fue este un acontecimiento científico-histórico que ocurrió en las cercanías de Jerusalén hace diez y nueve siglos?

Esta misma pregunta le fue formulada al profesor van de Fliert por un profesor de historia de la Universidad de Carolina del Este, al estar perturbado por el uso de una "dialéctica kantiana donde la ciencia es restringida a una esfera puramente física, fenomenal. En tales acontecimientos bíblicos surge entonces la dificultad de tener que explicar que un ángel removió la inmensa piedra que habían colocado y sellado a la entrada de la tumba de Cristo. Aquí nos enfrentamos con la intervención directa de una actividad sobrenatural dentro de la esfera física, fenomenal, *aun de la esfera geológica*. ¿Cómo podemos entender este relato?"[60]

La respuesta del profesor van de Fliert a esta pregunta tan apropiada y franca está llena de perplejidad:

> Temo la especulación, especialmente en relación con la Biblia. Puedo hablar científicamente de fósiles y capas de sedimento en la corteza terrestre, documentos que están dentro del campo de mi experiencia científica. ¿Por qué medios podríamos pretender hablar adecuadamente, científicamente, de lo que en realidad sucedió en la resurrección de Jesús? En lo que a mí respecta, esto está más allá de nuestra experiencia científica, y mientras este sea el caso, quiero tener el derecho de decirle a un hombre inquisitivo: ¡No sé! . . . En cosas como éstas sólo puedo hablar como lo hace la Biblia de la obra singular de Dios, en lenguaje humano, en el idioma precientífico común . . .[61]

¿Hubieran contestado así los primeros creyentes? ¿Había notas "kantianas" inciertas en la proclamación de Pablo de este acontecimiento histórico-geológico-teológico? "Si retenéis la palabra que os he predicado, sois salvos, si no creísteis en vano. Porque primeramente os he enseñado lo que asimismo recibí . . . que resucitó al tercer día, conforme a las Escrituras . . ."(1 Corintios 15:2-4); y la misma Escritura arriba citada tiene mucho que decir en cuanto al movimiento de la piedra.

Si los Evangelios nos relatan la infalible historia de los sucesos en los tiempos de Cristo, como los creyentes ortodoxos han creído desde el comienzo de la iglesia, entonces el que la piedra fue removida debe tener implicaciones *geológicas* como también *teológicas*. Debe significar que el uniformismo geológico, por lo menos en ese punto, ha sufrido un golpe tremendo como punto de vista mundial completamente consecuente y finalmente lógico. Esto sirve como un claro ejemplo de cómo una sola excepción puede trastornar la "ley" aparentemente impresionante del universo.

Por consiguiente, hasta el punto en que una filosofía uniformista de la geología hace imposible que uno crea que una inmensa piedra pudiera ser removida por el poder angélico-divino, entonces hasta ese mismo punto es imposible que un verdadero creyente sea un geólogo uniformista. ¿Por qué? Porque (1) nadie puede negar la resurrección corporal de Cristo en la historia y ser un verdadero cristiano (cp. Romanos 10:9), y (2) los únicos datos que tenemos de la resurrección corporal de Cristo, todos explican el movimiento de la piedra como una evidencia importante de la resurrección de Cristo.

Por lo tanto, son los límites de la Palabra de Dios escrita, no meramente "los límites de sus propios campos científicos", lo que los geólogos deben honrar si quieren ser contados entre aquellos que son el pueblo de Dios. Los geólogos cristianos, al igual que todos los demás cristianos, deben temer a Dios y estar sujetos a su Palabra. Los geólogos no están exentos de la promesa de nuestro Señor, "y conoceréis la verdad, y la verdad os hará libres"; pero esto sólo puede ser cierto porque asimismo no están exentos de las palabras que preceden y acondicionan esta promesa: "Si vosotros permaneciereis en mi palabra, seréis verdaderamente mis discípulos"(Juan 8:31).

"Grandes piedras del cielo"[62]

No mucho tiempo después que Israel cruzara el Jordán, los ejércitos cananeos del sur de Palestina desafiaron a los invasores y fueron completamente derrotados por la intervención directa de Dios. "Y mientras iban huyendo de los israelitas, a la bajada de Bet-horón, Jehová arrojó desde el cielo *grandes piedras* sobre ellos hasta Azeca, y murieron; y fueron más los que murieron por las piedras del granizo, que los que los hijos de Israel mataron a espada"(Josué 10:11). Los cinco reyes de Canaán huyeron y se escondieron en una cueva en Maceda. "Entonces Josué dijo: Rodad *grandes piedras* [la misma palabra hebrea que el v. 11] a la entrada de la cueva"(Josué 10:18).

Que estas "grandes piedras del cielo" fueron o no de una sustancia rocosa o metálica, no es de importancia para nosotros. Lo que sí es importante es que, desde la perspectiva de un punto de vista mundial adecuado que abarca *todos* los sucesos de importancia geológica, esas miles de piedras cayeron del cielo de tal forma que hirieron de muerte a los cananeos que estaban huyendo, al mismo tiempo que no tocaron a los israelitas que los perseguían. Y el hecho de que no podemos distinguir esas piedras particulares de las demás en la ladera de Bet-horón, tampoco tiene importancia en lo que respecta al punto de debate principal. El hecho importante es que miles de hombres perecieron a raíz del impacto de esos proyectiles astronómicos-geológicos y estaban disponibles para que los israelitas los estudiaran de cerca, quienes los vieron caer delante de sus propios ojos. La geología uniformista, a pesar de ser tan útil para explicar muchos de los fenómenos de la geología terrestre, no sería de ninguna ayuda para explicar esas "grandes piedras del cielo".

Milagros geológicos en el desierto

Retrocediendo más allá de las campañas militares de Josué en Canaán hasta los días del liderazgo de Moisés en los viajes errantes por el desierto, nos encontramos con dos episodios de especial significado geológico.

> En dos ocasiones Moisés golpeó la roca con su vara, una vez al mandato de Dios y otra cuando estaba airado; y en cada ocasión la roca se partió y brotaron aguas de ella. La rotura que esto produjo en la corteza terrestre también constituye un memorial para Israel de la grandiosa provisión de Dios, y *ningún geólogo puede dar una explicación adecuada de ellas sin la ayuda de la Palabra de Dios*. Y la fea cicatriz que probablemente quedó en la tierra cuando se abrió y tragó las familias de Coré, Datán y Abirám, permaneció como memorial de la justicia divina descargada por la maldad de estos rebeldes; y *los geólogos nuevamente tendrían que consultar las Escrituras para conocer el verdadero significado de esta irregularidad en la corteza terrestre.*[63]

La fuerza de esta evidencia bíblica a favor de procesos sobrenaturales detrás de ciertos efectos geológicos de la historia está en exacta proporción a la seriedad con que las mentes y corazones modernos aceptan el testimonio bíblico. Los sucesos *efectivamente* tuvieron lugar dentro del continuo de tiempo y espacio, pero hoy nadie puede señalar a algún efecto visible en la región de Sinaí.

La destrucción de Sodoma y Gomorra[64]

Acercándonos más a la época del Diluvio, vemos una intervención divina aún más espectacular desde el punto de vista de la geología histórica. Si no podemos encontrar el lugar a dónde fue llevada la piedra de la tumba de Jesús; si ya no podemos identificar las grandes piedras que cayeron del cielo; si no podemos localizar la roca hendida o la corteza terrestre partida en el desierto, sí *podemos* ver los efectos del juicio de Dios sobre las cinco Ciudades de la Planicie:

> Debemos, por cierto, enfatizar desde el principio que, no importa lo que pueda haber causado esa calamidad, no hay duda de que algo sucedió en el extremo sur del Mar Muerto, algo que fue de carácter extraordinario. No ocurrió ninguna conflagración ordinaria sino una catástrofe tan enorme y terrible que el recuerdo de ella quedó grabado en la mente de los hombres; y el suceso fue relatado verbalmente durante siglos, de generación en generación, antes de escribirse las narraciones bíblicas.[65]

Pero, ¿podemos estar seguros de que el extremo poco profundo de la parte sur del Mar Muerto es el lugar donde estaban situadas esas ciudades de mala reputación? J. Penrose Harland concluye su cuidadoso análisis con estas palabras:

> En resumen, se puede llegar a la conclusión de que las evidencias de la Biblia y de los recientes escritores griegos y latinos indican un lugar alrededor del extremo sur del Mar Muerto. Y esta ubicación es apoyada por otras evidencias derivadas de la geología, la hidrografía (el estudio del suministro de agua), y de los resultados tanto negativos como positivos de las investigaciones arqueológicas.[66]

Teólogos y científicos

¿Podemos tomar en serio los pasajes arriba citados de los libros de Génesis, Números, Josué, Mateo, Lucas y Juan, donde se nos dice que Dios ha intervenido en forma sobrenatural en ciertas fechas y lugares para destruir ciudades, hendir la corteza terrestre, arrojar piedras a ejércitos que huyen en retirada y mover una gran piedra de la tumba de Cristo?

Si el Dios viviente no sólo *puede* hacerlo, sino que realmente *ha* intervenido de maneras tan espectaculares, produciendo efectos geológicos tangibles y visibles, entonces, ¿por qué no podría romper las fuentes del gran abismo y soltar las aguas de arriba para traer sobre la tierra un Diluvio universal? Y si es legítimo buscar los efectos geológicos de la destrucción que Dios trajo sobre Sodoma y Gomorra en la parte sur del Mar Muerto, ¿por qué no podemos buscar pruebas de un Diluvio universal en los vastos depósitos sedimentarios de nuestro planeta? ¿No es esto precisamente lo que se esperaría encontrar después de una catástrofe ácuea singularmente destructora de un año de duración, de acuerdo con todas las leyes conocidas de la hidrodinámica?

En la mente de muchos geólogos cristianos, sin embargo, esto no sólo es una empresa ilegítima, sino también muy peligrosa. El profesor van de Fliert lee acerca de estas cosas con "mucho asombro". La verdad es que para él estos esfuerzos son "increíbles" y "sumamente peligrosos", y constituyen "un golpe mortal para la religión cristiana" y hacen que los "creyentes pierdan completamente la fe en la Biblia como la Palabra de Dios", y de hecho alienándolos "de las Palabras de Vida Eterna".[67]

Otro geólogo cristiano, Roger J. Cuffey, denuncia a aquellos que están tratando de dar prominencia científica al Diluvio diciendo que son "ignorantes de la ciencia terrestre moderna" y tildándolos de "pseudo-científicos". Escribe de la "pasmosa incredulidad que muchos hemos experimentado cuando vimos como los geólogos del diluvio, en vez de ser burlados hasta que abandonan los tribunales, fueron ampliamente aceptados por la comunidad cristiana. Esto, de paso, hace pensar a muchos de los geólogos más destacados, tanto creyentes como no creyentes, que nuestros cursos de tipo ciencias naturales han fracasado completamente si el término medio de estudiantes no ha podido reconocer un disparate tan grande como éste cuando se enfrentan con el mismo".[68]

Walter R. Hearn, redactor de la síntesis sobre libros para la revista *Journal of the American Scientific Affiliation*, no podía imaginar cómo alguien podría tener la temeridad de desafiar a "la sede de la ciencia geológica" y que "los que residen en ella . . . han estado en el proceso de remodelarla continuamente desde que fue construida", reemplazando esta magnífica estructura del uniformismo evolucionista con "el hermoso edificio nuevo" que "las páginas de la Biblia familiar" tienen dispuesto para nosotros.[69]

Frank H. Roberts pensó que "la mayoría de los geólogos se sorprendería al enterarse" de estos esfuerzos,[70] y Wayne U. Ault afirmó que "en lo que respecta al mundo secular científico, *El Diluvio del Génesis* pasará casi desapercibido. A lo sumo, será tenido como un ejemplo lastimero más de alguien de otra especialidad que está tratando de lanzarse dentro de las múltiples especialidades de la ciencia geológica y aparecer con un nuevo esquema que está de acuerdo con ciertas ideas selectas preconcebidas [¿como las de Cristo y sus apóstoles?]. Lamentablemente, en el mundo cristiano evangélico, el libro puede tener cierto impacto; podría conducir al desafortunado resultado de retardar el desarrollo de la verdadera erudición cristiana en la generación más joven".[71]

Cuando Delbert N. Eggenberger se retiró de su puesto como editor de la revista *Journal of the American Scientific Affiliation*, en 1962, escribió estas palabras: "Algunas materias eran de interés en los primeros años, pero han disminuido por haber sido bien trilladas en convenciones y en artículos técnicos. La selección de la redacción impidió la duplicación del mismo material. *Un ejemplo de esto es la geología del diluvio.*[72] Pero no se pudo acallar un tema tan vitalmente importante. En 1965, otro editor apeló a sus lectores: "Todavía quedan algunas ascuas encendidas de *El Diluvio del Génesis*. Otra crítica ha sido recibida por el editor sobre críticas anteriores. ¿Quieren conocerla o ya han tenido lo suficiente?"[73]

Aparentemente los lectores del *Journal* no habían tenido suficiente. En desesperación, Richard H. Bube, que llegó a ser editor en 1968, preguntó: ¿Se apartará totalmente la American Scientific Affiliation

Factores en conflicto con la geocronología [uniformista] corriente*

Factor	Grado de conflicto sugerido
1. Proporción actual de erosión de los continentes	Los continentes se erosionarían unas 170 a 340 veces durante 3.500 millones de años.
2. Sedimentos que son acarreados al océano	La proporción actual produciría sedimentos que hoy se encuentran en los océanos en 50 millones de años y llenarían los océanos 19 veces en 3.500 millones de años.
3. Proporción de acumulación de sedimento en los continentes	En 3.500 millones de años debería haber de 14 a 23 veces la cantidad de sedimento que existe hoy, excluyendo una recuperación limitada.
4. Proporciones de elevación de las montañas	Las montañas se están elevando a una relación de 100 cm cada 1000 años, lo que resultaría en montañas de 100 km de alto en 100 millones de años.
5. Régimen de producción de eyecta volcánica	En 3.500 millones de años se habrá producido de 20 a 80 veces la cantidad de eyecta volcánica que existe en la actualidad.
6. Aumento en la población humana	La cantidad actual de habitantes podría lograrse en 3200 años, mientras que se supone que el hombre ha estado aquí durante un tiempo 100 veces más largo.
7. Tiempo para el desarrollo evolutivo	Muchos órdenes de magnitud superiores a los 5.000 millones de años se necesitan para que ocurran los sucesos improbables que se postulan.

"La simple reflección sobre los factores de tiempo arriba descritos originaría interrogantes acerca de las irregularidades entre los datos

* Areil A. Roth, Geoscience Research Institute: "Some Questions About Geochronology" [Algunas preguntas sobre geocronología], *Origins* 13:2 (1986), pp. 80- 81. Véanse también sus artículos, "Are Millions of Years Required to Produce Biogenic Sediments in the Deep Ocean?" [¿Se requieren millones de años para producir sedimentos biogénicos en el fondo del océano?], *Origins* 12:1 (1985), pp. 48-56; "Turbidities" [Turbiedades], *Origins* 2:2 (1975), pp. 106-107; y "Coral Reef Growth" [El crecimiento de los arrecifes de coral], *Origins* 6:2 (1979), pp. 88-95).

presentados y el corto período de tiempo para la vida en la tierra conforme lo propone el modelo bíblico de la creación. Casi todos los datos arriba enunciados, excepto el Factor 6, no señalan a unos cuantos miles de años. Por ejemplo, si las montañas se están elevando a razón de un kilómetro en un millón de años, ¿por qué algunas montañas son tan altas siendo que son tan jóvenes?

"No obstante, el modelo bíblico de la creación incluye una creación realizada por Dios y asimismo un diluvio en escala mundial que fue una catástrofe de magnitud que cambió en forma dramática la superficie de la tierra. Dichos acontecimientos extraordinarios son difíciles o quizás imposible de analizar cuantitativamente, pero llevan el potencial para resolver las discrepancias entre los siete factores enunciados anteriormente y un corto período de unos cuantos miles de años propuestos por el creacionismo.

"Las velocidades excesivamente rápidas en los Factores 1 al 5 pueden reflejar los efectos de una sola catástrofe reciente como el diluvio que se describe en Génesis. Dicha catástrofe mundial aumentaría dramáticamente los coeficientes de erosión y deposición de sedimento, y dichos cambios podrían estar asociados con la formación de montañas y hasta con el volcanismo. Nuestras actuales proporciones de cambio pueden reflejar ajustes incompletos con respecto a dicho acontecimiento.

"Apoyando la plausibilidad de dicho acontecimiento está el hecho de que el agua en movimiento rápido aumenta su capacidad de transportar sedimento como la tercera o cuarta potencia de su velocidad (A. Holmes: *Principles of Physical Geology* [Principios de geología física] Nueva York: The Ronald Press Co., 1965, p. 512). En otras palabras, si uno aumenta la velocidad del caudal diez veces, el agua en movimiento puede acarrear de 1000 a 10.000 veces la cantidad de sedimento. Estas cifras hacen que sea sumamente factible la deposición de grandes depósitos sedimentarios durante un solo acontecimiento mundial.

"Una creación reciente también resolvería los problemas del rápido aumento en la población humana y también la falta de tiempo para la evolución de las principales formas de vida (Factores 6 y 7). Se podría argüir que al invocar la creación y un diluvio de la misma forma se está apelando un caso especial. No obstante, la creación y el diluvio no son casos tan especiales para el modelo bíblico de la creación; sino que son implícitos al modelo".

de los viejos argumentos de la creación, la evolución, Adán y el Diluvio para combinar el discernimiento científico con el Evangelio de Jesucristo a fin de tratar los problemas tocantes al mundo de hoy?" Fue supuestamente con el fin de lograr este objetivo que el doctor Bube auspició la reimpresión, al año siguiente, del artículo del profesor van de Fliert titulado "El Fundamentalismo y los Fundamentos de la Geología". Seguramente que "los viejos argumentos sobre creación, evolución, Adán y el Diluvio" serían enterrados de una vez por todas.

Pero no fue así, como se hizo abundantemente claro de los números subsiguientes del *Journal of the American Scientific Affiliation.* Paul H. Seeley, prominente científico de la A.S.A., dijo con desesperación:

> La decepción, mitología, o como quiera llamársele a la bien intencionada pero mal ideada pseudociencia de Whitcomb y Morris, ha cautivado literalmente a miles de escuelas secundarias cristianas, escuelas bíblicas y seminarios . . . y a través de los graduados de esas escuelas las mentes de miles de creyentes. Se extiende como un cáncer gigantesco . . . sin que la Iglesia se dé cuenta de ello por un tiempo, excepto al final . . . haciendo que su obscurantismo tenga como resultado la desilusión, la ruina y la muerte espiritual.[75]

Al considerar las tremendas tormentas de reacciones emocionales que este problema estaba creando entre los científicos de la A.S.A., un graduado de Harvard desafió a los editores de la revista *Journal of the A.S.A.:*

> La A.S.A. *quizás* esté deslizándose hacia un partido político: la evolución teísta. Me doy cuenta que desde la ruptura de los miembros de la Investigación de la Creación ustedes se sienten más o menos propensos a bajar del pedestal a la geología del Diluvio, etc., pero espero que como *cristianos* no cerrarán sus mentes a la verdad . . . La actitud de van de Fliert y sus proponentes hacia la teoría del Diluvio es, por no decir algo peor, arrogante en su supuesta omnisciencia. Van de Fliert *presupone* la verdad absoluta de su posición con el fin de desacreditar a otro. Por lo tanto, su "refutación" consiste en arrojar de vuelta suposiciones y "hechos" uniformistas contemporáneos — para él es aparentemente *inconcebible* aunque sea considerar cualquier otra hipótesis. Esta no es la forma de pensar del cristiano . . . Debo decir que, habiendo estudiado este problema con mucha diligencia . . . veo tremendas posibilidades en la teoría del Diluvio.[76]

Mientras tanto, un destacado teólogo científico de la American Scientific Affiliation protestó vigorosamente contra esta degradación del Génesis por parte de algunos de sus colegas científicos evangélicos:

> Estoy espantado ante la libertad con que algunos científicos creyentes están jugando con el texto bíblico. Puedo suavizar esto agregando que nuestros

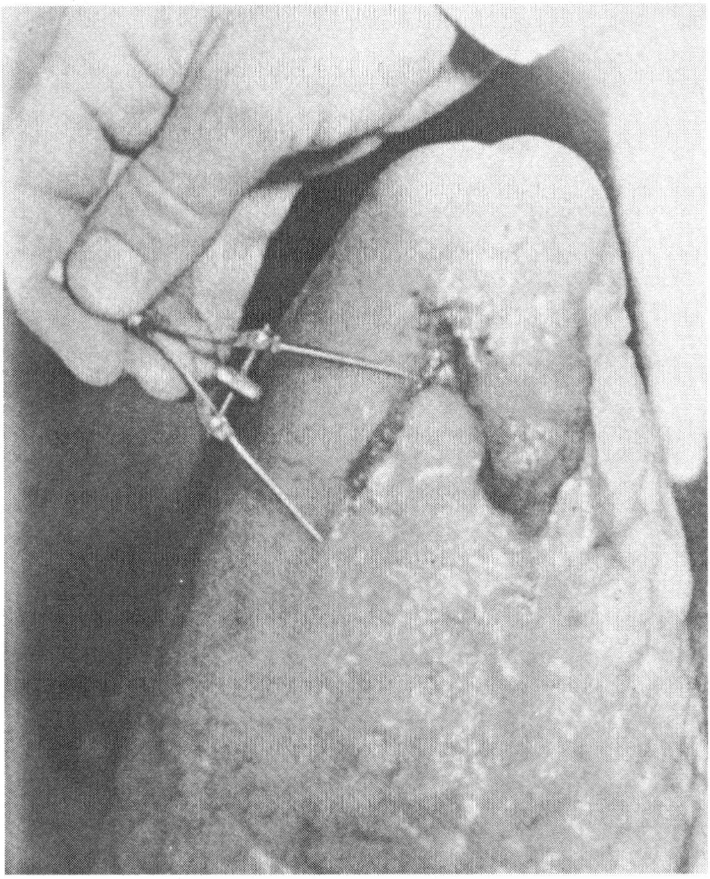

Un murciélago en una estalagmita en las cavernas de Carlsbad

El hecho de que un murciélago estuviera cementado dentro de una estalagmita (Cavernas de Carlsbad, Nuevo México) provee una solución importante al problema del crecimiento de las estalagmitas. Los uniformistas están en un grave error cuando afirman que el acrecentamiento de estalagmitas requiere decenas de miles de años. Evidentemente, a veces ocurre tan rápido que un murciélago puede quedar enterrado antes de que ocurra la descomposición bacterial y/o la acción de las aves de rapiña. Por lo tanto, el crecimiento de una formación de piedra porosa puede (bajo ciertas condiciones) describirse como *catastrófico.*

Esta fotografía se publicó por primera vez en la revista *National Geographic Magazine* de octubre de 1953, p. 442, en un artículo por Mason Sutherland titulado "Carlsbad Caverns in Color" [Cavernas de Carlsbad en color]. Una reseña de dicho artículo por Robert Harris, se publicó en el *Creation Research Society Quarterly* de septiembre de 1971, p. 144.

teólogos están haciendo lo mismo y, por lo tanto, los científicos naturalmente están siguiéndole la corriente. Pero los científicos debieran tener la oportunidad de escuchar las críticas de varios teólogos antes de saltar ante la primera exégesis descabellada del Génesis que parezca satisfacer la necesidad científica.[77]

De Australia vino esta súplica de dos teólogos reformistas muy conocidos que estaban bien familiarizados con los escritos de J. R. van de Fliert, Jan Lever, y otros científicos cristianos de la Universidad Libre de Amsterdam:

> Quisiéramos rogarles a nuestros colegas científicos creyentes que presten seria atención a lo que tengan que decir los teólogos, que han sido llamados a dedicar sus vidas al estudio de la Palabra revelada, en cuanto al tema de los orígenes, la creación o la evolución. Nosotros los teólogos seguiremos leyendo lo que digan los científicos.[78]

Pero en vez de entrar en un estudio más serio de las Escrituras, o hasta de una revaluación objetiva de las conjeturas que proveen la base para sus propias interpretaciones de los fenómenos geológicos (p. ej., las formaciones del Gran Cañón del Colorado), algunos científicos de la A.S.A. descubrieron que era más fácil dar el grito tradicional defensivo de: "Lo están persiguiendo a Galileo otra vez".[79] Se supone que esto detendría cualquier otra interferencia de parte de estudiantes y geólogos conservadores del Antiguo Testamento que estaban horrorizados por la manera irresponsable con que se manejaba la Biblia dentro del liderazgo de la A.S.A.

> Lo que estamos enfrentando es algo así como el juicio de Galileo pero a la inversa. Los (teólogos) están diciendo: "Tenemos preguntas que pueden socavar algunos de sus dogmas científicos", y el grupo "científico" está de hecho contestando: "Sus objeciones no son científicas y bajo ningunas circunstancias se permitirá que las mismas amenacen la confianza de nuestro (grupo de comitentes) en nuestra enseñanza".[80]

Pero la consigna "Galileo" dio muestras de ser algo hueca cuando se observó que la minoría de los científicos de la A.S.A. que todavía tomaban en serio al libro de Génesis, efectivamente fueron pasados por alto por los editores de dicha revista y, por lo tanto, se vieron obligados a formar una nueva organización, en 1963, llamada "Creation Research Society"[Sociedad de Investigación de la Creación], con una lista de miembros (restringida a científicos solamente) que pronto sumaba los centenares.[81]

Conclusión

El poderoso dominio que el uniformismo ha logrado en la mente de muchos hombres de ciencia creyentes, puede medirse en parte por la reacción violenta de la American Scientific Affiliation hacia todos los esfuerzos serios por desafiar los fundamentos de esta filosofía. El hecho de que este desafío ha venido de las dobles perspectivas de la cuidadosa exégesis de las Escrituras y del manejo responsable de los datos científicos, ha obligado a los cristianos uniformistas a responder con demasiada frecuencia con apelaciones a la "autoridad" científica y a los tradicionales clisés científicos. Algunos geólogos, especialmente el profesor J. R. van de Fliert, de la Universidad Libre de Amsterdam, han tratado de aliviar la tensión disolviendo los primeros capítulos de Génesis en una "superhistoria" existencial sin sentido.

Pero no podemos descartar el libro de Génesis así no más. Como el libro fundamental de la Palabra de Dios escrita, forma parte de la inerrabilidad e infalibilidad que nuestro Señor Jesucristo atribuyó a toda la Biblia. Y, como otros libros de la Biblia, contribuye a una "filosofía bíblica de la geología" que provee el marco de referencia necesario para un enfoque totalmente satisfactorio de la geología histórica. Sólo cuando uno posee esta filosofía divinamente revelada de la geología, puede formular los detalles de un *sistema integral* de conformidad con el mandato de Dios a Adán y, presumiblemente, a toda la raza humana: ". . . llenad la tierra, y *sojuzgadla* . . ."(Génesis 1:28).

En las palabras del profesor D.A. Carson del Trinity Evangelical Divinity School:

> Los científicos que son cristianos y que no están de acuerdo con el enfoque de Whitcomb y Morris están comprometidos ante Dios a delinear lo que ellos piensan que en realidad dicen los once primeros capítulos de Génesis . . . Si los oponentes de *El Diluvio del Génesis* quieren interferir con la popularidad que gozan Whitcomb y Morris entre los evangélicos precavidos tendrán que producir un trabajo o trabajos que estén igualmente dedicados a convenir con lo que la Biblia realmente dice, así como también con argumentos científicos que defiendan la interpretación particular de los hechos sólidos".[82]

Resumen

¿Por qué es que creyentes sinceros e ilustrados difieren tanto sobre la doctrina bíblica del Diluvio? No será por falta de evidencia bíblica ni científica, sino porque tienen un punto de partida distinto. Si uno comienza con la compleja colección de datos científicos e interpretaciones corrientes de dichos datos sin un marco de referencia revelado y, por lo tanto, infalible, las conclusiones finalmente llegarán a contradecirse a sí mismas. Pero con la Palabra de Dios como luz de guía, uno puede observar los datos científicos desde una perspectiva unificadora y estar así asegurado de la satisfacción final.

Muchos hombres de ciencia creyentes han errado en sus interpretaciones de la historia terrestre debido a una seria falta de perspectiva bíblica. Al estar profundamente confundidos por la enorme masa de datos científicos —estratos, fósiles, varvas, cráteres, glaciares, montañas, evaporitas, desfiladeros, deltas, estalagmitas— todo interpretado para ellos desde la niñez en términos uniformistas y evolucionistas, han descuidado la Palabra de Dios como la guía otorgada divinamente para la historia de la tierra. En cierta manera han pensado que los primeros capítulos de Génesis son verídicos, pero sólo en un vago sentido "religioso", especialmente en esas áreas que traslapan el supuesto dominio de las ciencias históricas.

Pero este menosprecio hacia la pertinencia histórica de la Escritura ha conducido a un desastre, tanto teológico como científico. La doctrina bíblica de la Creación ha sido terriblemente comprometida y el gran Diluvio ha sido reducido a una mera inundación fluvial en la Mesopotamia. Esto, a su vez, ha abierto la puerta a herejías extremas como la neo-ortodoxia y el existencialismo teológico, que por falta de consecuencia no saben dónde detenerse, a menos que sea un abandono

La línea de pleamar de la Isla Surtsey

La nueva isla de Surtsey, al aparecer explosivamente del Océano Atlántico a pocos kilómetros al sur de Islandia, en 1963, representa otro desafío más para los uniformistas. En cuestión de meses, "el efecto del oleaje convirtió la lava dentada en cantos rodados lisos con una velocidad que asombró a los geólogos que asistieron al nacimiento de dicha isla" ("This Changing World", de Samuel W. Matthews, *National Geographic Magazine*, enero de 1973, p. 5).

El geólogo islandés Sigurdur Thorarinsson observó: "En la Surtsey, sólo *unos meses* han sido suficientes para que *se creara un paisaje* que es *tan variado y maduro* que es *casi increíble*. Aquí no sólo tenemos un domo lávico con un refulgente lago de lava en el cráter de la cima y flujos de lava candente que corren cuesta abajo por las laderas, aumentando así la altura del domo y transformando la configuración de la isla de un día para otro, sino que aquí también vemos amplias playas de arena y despeñaderos abruptos castigados por el oleaje del mar. Hay bancos de pedregullo y lagunas, impresionantes acantilados de tefra (ceniza basáltica), blancogrisáceas de la salmuera y el silicio que emana de la tefra, dándoles una apariencia similar a los Acantilados Blancos en el Canal de la Mancha. Hay depresiones, collados y terrenos de ondulaciones suaves. Hay fracturas y fallas escarpadas, canales y conos de desmoronamientos . . . Uno puede venir a una playa cubierta de lava que fluye hacia el mar . . . *Tres semanas después uno puede volver al mismo lugar y quedar literalmente confundido por lo que encuentra a la vista.* Hoy se encuentran abruptos acantillados de lava de altura considerable, y debajo de ellos pueden verse cantos rodados gastados por el oleaje, algunos de los cuales son casi redondos, sobre una plataforma de abrasión cortada dentro del acantilado, y más afuera hay una playa arenosa donde uno puede caminar sin mojarse durante la bajamar" (*Surtsey: The New Island in the North Atlantic,* Reykiavik, Islandia: Almenna Bokafelagio, 1964, p. 52. Cursivas agregadas. Citado por Wilbert H. Rusch en *Why Not Creation?,* ed. por Walter E. Lammerts, Nutley, NJ: Presbyterian and Reformed Publishing Co., 1970, p. 139).

casi total de la Biblia como la Palabra de Dios, y de Dios como ser personal.

Pero todo esto puede y debe evitarse. Nuestro Señor Jesucristo estableció claramente el principio básico: "De cierto os digo, que el que no reciba el reino de Dios como un niño, no entrará en él" (Marcos 10:15). Esto ciertamente no significa que nuestro Señor quiere premiar la ignorancia. Al contrario, pone el interés en la actitud de un corazón receptivo a la autoridad final de la Palabra de Dios. Nada puede ser más importante que eso en la relación humano-divina. Hablando de las mejores realizaciones del hombre en las esferas filosóficas y religiosas, el apóstol Pablo pregunta: "¿No ha enloquecido Dios la sabiduría del mundo?" (1 Corintios 1:20). La necedad —en el sentido bíblico de la palabra— es rehusar aceptar voluntariamente las explicaciones que Dios nos da de la realidad de las cosas en favor de meras explicaciones humanas.

Actualmente los geólogos son mucho menos rígidos en su uniformismo que sus colegas del siglo diecinueve. Hablan de su nueva libertad y flexibilidad, hasta el punto de tolerar catástrofes importantes. Pero la tendencia es algo peligrosa para su modelo uniformista-evolucionista de la historia de la tierra. ¿Puede el sistema de ellos incluir el descubrimiento de que el campo magnético terrestre comenzó hace menos de 15.000 años, dado su presente grado de disipación? ¿O la falta de helio en la atmósfera a pesar del rápido aumento como resultado de un proceso de deterioro radiactivo? ¿O la falta de polvo meteórico sobre la luna y la tierra a pesar de su rápido grado de acumulación en la actualidad? ¿O el descubrimiento de que los yacimientos petrolíferos son de origen reciente debido a la imposibilidad de mantener altas presiones de fluidos bajo las permeabilidades observadas en las formaciones de yacimientos y dislocaciones geológicas? ¿O la formación necesariamente repentina y creciente de todos los vastos depósitos de carbón del mundo? ¿O la rápida formación y excavación del Gran Cañón del Colorado junto con la aparición de granos de polen en los estratos más bajos? Si los geólogos creyentes que han sido tan influenciados por la filosofía uniformista de la historia terrestre ignoran tales descubrimientos, ¿no lleva esto a formular preguntas legítimas en relación con su objetividad científica, sin decir nada de su sumisión a la Palabra de Dios?

Los partidarios de la catástrofe bíblica no exigen que un fenómeno geológico en particular demuestre en sí mismo y por sí mismo que hubo un Diluvio universal. Dios nunca tuvo la intención de que el empirismo científico fuera un eslabón directo y esencial para la revelación bíblica. Al contrario, las Escrituras han sido dadas para proveernos la luz que necesitamos para comprender el origen y significado de nuestro medio ambiente geológico. Hasta este punto, por lo menos, el creyente está comprometido a una forma de razonamiento deductivo. "Porque contigo está el manantial de la vida; en tu luz veremos la luz" (Salmo 36:9). Los datos geológicos a lo sumo, sirven como *evidencias circunstanciales* a favor de la realidad del Diluvio de Génesis. Pero la *base principal* para nuestra confianza en su realidad consiste en las declaraciones directas de nuestro Señor Jesucristo y de sus apóstoles, al efecto de que "el mundo de entonces pereció anegado en agua".

Bibliografía

Ager, Derek: *The Nature of the Stratigraphical Record* [La naturaleza del registro estratigráfico]. Nueva York: John Wiley Publishers, 1981, pp. 44,45.

Archer, Gleason L., Jr. *Reseña crítica de una introducción al Antiguo Testamento.* Grand Rapids: Editorial Portavoz, 1987.

Ault, Wayne U. Review of *The Genesis Flood* [Reseña de *El Diluvio del Génesis*] de John C. Whitcomb, Jr., y Henry M. Morris. *Journal of the American Scientific Affiliation.* XVI:1 (marzo de 1964), 29-31.

Austin, Steven A. "Did Noah's Flood Cover the Entire World? Yes." [¿Cubrieron el mundo entero las aguas de Noé? Sí], Ronald Youngblood, ed., *The Genesis Debate.* Nashville: Thomas Nelson Publishers, 1986, pp. 210-228.

————. "Ten Misconceptions About the Geologic Column" [Diez concepciones erróneas sobre la columna geológica]. *Impact* #137. El Cajón, CA: Institute for Creation Research, noviembre de 1984.

Barker, David G. "The Waters of the Earth: An Exegetical Study of Psalm 104:1-9" [Las aguas de la tierra: Un estudio exegético del Salmo 104:1-9]. *Grace Theological Journal* 71, Primavera de 1986, pp. 75-80.

Bowden, Malcolm. *Ape-Men: Fact of Fallacy?* [Los hombres-monos: ¿Hecho o falacia?] 2ª. ed. Sovereign Publishers, P. O. Box 88, Bromley, Kent, Inglaterra BR29PF, 1981.

Cansdale, George S. "A Universal Flood: Some Practical Difficulties" [Un diluvio universal: Algunas dificultades prácticas]. *Faith and Thought,* XCVIII:2, 3 (1970), 61-68.

Carson, D. A. "The Genesis Flood in Perspective" [*El Diluvio del Génesis* en perspectiva]. *Biblical Creation* 2:5. Febrero de 1980, p. 13.

Chaffin, Eugene F. "A Young Earth? — A Survey of Dating Methods" [¿Una tierra joven?: Un estudio de los métodos de fechado]. CRSQ 24:3, diciembre de 1987, pp. 109-117;

Chapman, Clark R. *Planets of Rock and Ice* [Planetas de roca y hielo]. Nueva York: Charles Scribner's Sons, 1982, p. 30.

Chittick, Donald E. *The Controversy: Roots of the Creation-Evolution Conflict* [La controversia: Raíces del conflicto entre creación y evolución]. Portland: Multnomah Press, 1984.

Clark, Champ. *Planet Earth: Flood* [Planeta tierra: Diluvio]. Alexandria, VA: Time-Life Books, Inc., 1982.

Clark, R. T. y Bales, J. D. *Why Scientists Accept Evolution* [Por qué los científicos aceptan la evolución]. Nutley, NJ: Presbyterian and Reformed Pub. Co., 1966.

Clementson, Sidney P. "A Critical Examination of Radioactive Dating of Rocks" [Un examen crítico del fechado radiactivo de las rocas]. *Creation Research Society Quarterly*, VII (diciembre de 1970), 137-141.

Clough, Melvin A. "A Calm Appraisal of *The Genesis Flood*" [Una evaluación calmada de *El Diluvio del Génesis*]. Tesis para Maestría en Teología inédita, Dallas Theological Seminary, 1968.

————. *Laying the Foundation* [Colocando el fundamento]. Lubbock, TX: Lubbock Bible Church, 1973.

Cook, Melvin A. *Prehistory and Earth Models* [La prehistoria y los modelos de la tierra]. Londres: Max Parrish and Co., 1966.

Custance, Arthur C. *The Extent of the Flood* [La extensión del Diluvio]. Doorway Papers, Nº 41. Brockville, Ontario: Zondervan Pub. House, 1969.

————. "Fossil Man in the Light of the Record in Genesis" [El hombre fósil a la luz del registro en Génesis]. *Why Not Creation?* Ed. Walter Lammerts. Nutley, NJ: Presbyterian and Reformed Pub. Co., 1969.

Davidheiser, Bolton. *Evolution and Christian Faith* [La evolución y la fe cristiana]. Nutley, NJ: Presbyterian and Reformed Pub. Co., 1969.

Dillow, Joseph C. *The Waters Above: Earth's Pre-Flood Vapor Canopy* [Las aguas de arriba: La cubierta de vapor de la tierra prediluviana]. Ed. rev., Chicago: Moody Press, 1982.

Filby, Frederick A. *The Flood Reconsidered* [Reconsideración del Diluvio]. Grand Rapids: Zondervan Pub. House, 1971.

Gaskill, Gordon. "The Night the Mountain Fell" [La noche en que se cayó la montaña]. *Reader's Digest*, mayo de 1965, pp. 59-67.

Gish, Duane T. *Evolution: The Fossils Say No!* [Evolución: Los fósiles dicen no]. San Diego: Institute for Creation Research, 1972.

————. "Speculations and Experiments Related to Theories on the Origin of Life" [Especulaciones y experimentos relacionados con las teorías sobre el origen de la vida]. San Diego: Institute for Creation Research, 1972.

Harris, R. Laird. *Man—God's Eternal Creation* [El hombre: La eterna creación de Dios]. Chicago: Moody Press, 1971.

————. "The Mist, the Canopy, and the Rivers of Eden" [La llovizna, la cubierta y los ríos del Edén]. *Bulletin of the Evangelical Theological Society*, XI:4 (otoño de 1968), 177-179.

Hasel, Gerhard F. "Some Issues Regarding the Nature and Universality of the Genesis Flood Narrative" [Algunas cuestiones respecto a la naturaleza y universalidad de la crónica del Diluvio de Génesis]. *Origins* 5:2 (1978).

Heidel, Alexander. *The Gilgamesh Epic and Old Testament Parallels* [La epopeya de Gilgamesh y Paralelos del Antiguo Testamento]. 2a. ed. Chicago: University of Chicago Press, 1949.

Henry, C. F. H. *God, Revelation and Authority* [Dios, revelación y autoridad]. Waco, TX: Word Books Pub., 1976, 2:104-115.

Hooykaas, R. *The Principle of Uniformity in Geology, Biology and Theology* [El principio de uniformidad en la geología, biología y teología]. Leiden: E. J. Brill, 1963.

Kaiser, Walter C., Jr. "The Literary Form of Genesis 1-11" [La forma literaria de Génesis 1-11]. *New Perspectives on the Old Testament*. Ed. por J. Barton Payne. Waco, TX: Word, Inc., 1970.

Kerkut, G. A. *Implications of Evolution* [Las implicaciones de la evolución]. Nueva York: Pergamon Press, 1960.

Kidner, Derek. *Génesis: Introducción y comentario*. Buenos Aires: Ediciones Certeza, 1985.

Klotz, John W. *Genes, Genesis and Evolution* [Genes, génesis y evolución]. St. Louis: Concordia Publishing House, 1955.

Lammerts, Walter, ed. *Scientific Studies in Special Creation* [Estudios científicos en creación especial]. Nutley, NJ: Presbyterian and Reformed Pub. Co., 1971.

————., ed. *Why Not Creation?* [¿Por qué no creación?]. Nutley, NJ: Presbyterian and Reformed Pub. Co., 1970.

LaSor, William Sanford. Reseña de *El Diluvio del Génesis*, de John C. Whitcomb, Jr., y Henry M. Morris. *Eternity*, XII:8 (agosto de 1961), 43.

Leupold, H. C. *Exposition of Genesis* [Exposición de Génesis]. Grand Rapids: Baker Book House, 1942.

Macbeth, Norman. *Darwin Retried* [Reconsideración de Darwin]. Boston: Gambit, Inc., 1971.

McCullough, David G. *The Johnstown Flood* [La inundación de Johnstown]. Nueva York: Simon and Schuster, Inc., 1968.

Meeter, Merle. "Geology in the Dark or in Bible Light" [La geología en la oscuridad o a la luz de la Biblia]. *International Reformed Bulletin*, XXXVIII (julio de 1969), 27-29.

Mehlert, A. W. Reseña de C. McGowan, *In the Beginning* [En el principio, de C. McGowan]. *CRSQ* 24:1, junio de 1987.

Mitchell, T. C. "Flood" [Diluvio]. *The Illustrated Bible Dictionary*. Wheaton, IL: Tyndale House Publishers, 1980, 1:511.

Montgomery, John Warwick. *The Quest for Noah's Ark* [La búsqueda del Arca de Noé]. Minneapolis: Bethany Fellowship, Inc., 1972.

Moore, John N., y Slusher, Harold Schultz, eds. *Biology: A Search for Order in Complexity* [Biología: La búsqueda del orden en la complejidad]. Grand Rapids: Zondervan Publishing House, 1970.

Morris, Henry M. "The Ark of Noah" [El arca de Noé]. *Creation Research Society Quarterly*, VIII:2 (septiembre, 1971), 142-144.

————. *The Biblical Basis for Modern Science* [La base bíblica para la ciencia moderna]. Grand Rapids: Baker Book House, 1984, p. 421.

————. *Biblical Cosmology and Modern Science* [La cosmología bíblica y la ciencia moderna]. Grand Rapids: Baker Book House, 1970.

————. *A History of Modern Creationism* [Una historia del creacionismo moderno]. El Cajon, CA: Master Books, 1984.

————. Letter to the Editor [Carta al redactor]. *Journal of the American Scientific Afilliation*, XXII:1 (marzo de 1970), 36-37.

————. *The Remarkable Birth of the Planet Earth* [El extraordinario nacimiento del planeta tierra]. San Diego: Institute for Creation Research, 1972.

————. *Scientific Creationism* [Creacionismo científico], 2a. ed. El Cajón: Master Books, 1985, pp. 131-170.

————. *Studies in the Bible and Science* [Estudios en la Biblia y la ciencia]. Nutley, NJ: Presbyterian and Reformed Pub. Co., 1966.

Morris, Henry M., y Parker, Gary E. *What Is Creation Science?* [¿Qué es la ciencia de la creación?], ed. rev. El Cajón: Master Books, 1987.

Morris, Henry M., y Wiggert, James M. *Applied Hydraulics in Engineering* [La hidráulica aplicada en la ingeniería] 2a. ed. Nueva York: Ronald Press, 1972.

Oard, Michael J. "Ice Ages: The Mystery Solved" [Las edades de hielo: El misterio resuelto]. *CRSQ* 21:2, septiembre de 1984.

Patten, Donald W. *The Biblical Flood and the Ice Age Epoch* [El diluvio bíblico y la época de la edad de hielo]. Seattle: Pacific Meridian Pub. Co., 1966.

Ramm, Bernard. *The Christian View of Science and Scripture* [El punto de vista cristiano de la ciencia y la Escritura]. Grand Rapids: Wm. B. Eerdmans Pub. Co., 1954.

Roberts, Frank W. Reseña de *El Diluvio de Génesis* de John C. Whitcomb, Jr., y Henry M. Morris. *Journal of the American Scientific Afilliation*, XVI:1 (March de 1964), 28, 29.

Rupke, N. A. "Prolegomena to a Study of Cataclysmical Sedimentation" [Prolegómena a un estudio de sedimentación cataclísmica]. *Why Not Creation?* Editado por Walter E. Lammerts. Nutley, NJ: Presbyterian and Reformed Pub. Co., 1970.

Schaeffer, Francis A. *Genesis in Space and Time* [Génesis en el espacio y el tiempo]. Downers Grove, IL: Inter-Varsity Press, 1972.

Schrader, Stephen R. "Was the Earth Created a Few Thousand Years Ago? Yes." [¿Fue la tierra creada hace unos cuantos miles de años? Sí]. Ronald Youngblood, ed., *The Genesis Flood Debate*. Nashville: Thomas Nelson Publishers, 1986, pp. 56-83.

Shea, James H. "Twelve Fallacies of Uniformitarianism" [Doce falacias del uniformismo]. *Geology*, tomo 10, sept. de 1982, pp. 456-458.

Shea, William H. "The Structure of the Genesis Flood Narrative and its Implications" [La estructura de la narración del diluvio de Génesis y sus inferencias]. *Origins* 6:1 (1979), pp. 3-4, 8-29.

———. "A Comparison of Narrative Elements in Ancient Mesopotamia Creation-Flood Stories with Genesis 1-9" [Una comparación de los factores de narración en las antiguas historias de creación-diluvio de la Mesopotamia con Génesis 1-9]. *Origins* 11:1 (1984), pp. 2-3, 9-29.

Smith, E. Norbert, y Hagberg, Stephen C. "Flood Model Experiment" [Experimento con un modelo del Diluvio]. *CRSQ* 21:1. Junio de 1984, p. 33.

Speiser, E. A. "The Epic of Gilgamesh" [La epopeya de Gilgamesh]. *Ancient Eastern Texts Relating to the Old Testament*, 3a. ed., editada por James B. Pritchard, Princeton: Princeton University Press, 1969, p. 93.

Springtead, William A. "Monoglaciology and the Global Flood" [La monoglaciología y el diluvio global]. *CRSQ* 8:3, diciembre de 1971, pp. 175ss.

Taylor, Ian T. *In the Minds of Men* [En las mentes de los hombres]. Toronto M4Y 2T1: TFE Publishing, P.O. Box 5015, Stan F, 1984.

Van de Fliert, J. R. "Bible, Man and Science: A Reply" [La Biblia, el hombre y la ciencia: Una respuesta]. *International Reformed Bulletin*, XXXVIII (julio de 1969), 34-39.

———. "Fundamentalism and the Fundamentals of Geology" [El fundamentalismo y los fundamentos de la geología]. *Journal of the American Scientific Afilliation*, XXI:3 (septiembre de 1969), 69-81.

Velikovsky, Immanuel. *Earth in Upheaval* [Solevamiento de la tierra]. Nueva York: Dell Pub. Co., reimpreso 1965.

Whitcomb, John C., Jr., *La tierra primitiva.* L.N. Alem, Argentina: Ediciones Hebrón, 1985.

Whitcomb, John C., Jr., y Morris, Henry M. *El Diluvio del Génesis.* Terrassa, España: Editorial CLIE, 1982.

White, William, Jr. "The Fundamentals of Fundamentalism and Geology" [Los fundamentos del fundamentalismo y la geología]. *International Reformed Bulletin,* XXXVIII (julio de 1969), 30-33.

Wilder-Smith, A. E. *The Creation of Life* [La creación de la vida]. Wheaton, IL: Harold Shaw Pub., 1970.

————. *Man's Origin, Man's Destiny* [El origen del hombre, el destino del hombre]. Wheaton, IL: Harold Shaw Pub. Co., 1968.

Woodmorappe, John. "A Diluviological Treatise on the Stratigraphic Separation of Fossils" [Un tratado diluviológico sobre la separación estratigráfica de los fósiles]. *CRSQ* 20:3. Diciembre de 1983, pp. 133-185.

————. "The Antediluvian Biosphere and Its Capability of Supplying the Entire Fossil Record" [La biosfera antediluviana y su capacidad de proveer todo el registro de los fósiles]. Robert E. Walsh, et al, editores, *Proceedings of the First International Conference on Creationism* [Actuaciones de la primera conferencia internacional sobre creacionismo], tomo 2, agosto 4-9 de 1986, pp. 205-218.

Young, Davis A. *Christianity and the Age of the Earth* [El cristianismo y la edad de la tierra]. Grand Rapids: Zondervan Pub. House, 1982, p. 142.

————. Reseña de *The Encounter Between Christianity and Science* [El encuentro entre el cristianismo y la ciencia], editado por Richard H. Bube. Westminster Theological Journal, XXXI (mayo de 1969), 217-224.

————. Reseña de *Evolution and Christian Faith* [La evolución y la fe cristiana], de Bolton Davidheiser. *Westminster Theological Journal,* XXXIV:2 (noviembre de 1971), 61-66.

————. "Scripture in the Hands of Geologists" [La Escritura en manos de geólogos]. *Westminster Theological Journal,* 49:2, otoño de 1987, pp. 292, 303, 295.

Youngblood, Ronald. *How It All Began* [Cómo empezó todo]. Ventura, CA: Regal Books, 1980.

————. *The Genesis Debate* [El debate sobre Génesis]. Nashville: Thomas Nelson Publishers, 1986.

Notas

Capítulo 1

1. Mateo 24:37-39; Lucas 17:26-27; Hebreos 11:7; 1 Pedro 3:20; 2 Pedro 2:5; y 2 Pedro 3:5-7. Sobre la unidad y coherencia del narrativo del Diluvio, véase "The Structure of the Genesis Flood Narrative and its Implications" [La estructura del narrativo del Diluvio de Génesis y sus inferencias], de William A. Shea; *Origins* 6:1 (1979), pp. 3-4, 8-29.

2. A menos que se indique lo contrario todas las citas de las Escrituras son tomadas de la Versión Reina-Valera de 1960.

3. Véase *La Tierra Primitiva*, de J. C. Whitcomb (L.N. Alem, Argentina: Ediciones Hebrón, 1985), pp. 22-27.

4. *The Christian View of Science and Scripture* [El punto de vista cristiano de la ciencia y la Escritura], de Bernard Ramm (Grand Rapids: Wm. B. Eerdmans Pub. Co., 1954), pp. 243-247. Cursivas agregadas. Como se mostrará más adelante, el concepto bíblico del Diluvio no involucra un "suministro interminable de milagros".

5. "The Epic of Gilgamesh" [La epopeya de Gilgamesh], trad. por E. A. Speiser en *Ancient Near Eastern Texts Relating to the Old Testament* [Textos del antiguo Cercano Oriente que se relacionan con el Antiguo Testamento], 3ª. ed., editado por James B. Pritchard (Princeton: Princeton University Press, 1969), p. 93. Véase también "A Comparison of Narrative Elements in Ancient Mesopotamia Creation-Flood Stories with Genesis 1-9" [Una comparación de los elementos narrativos en las historias de la creación-diluvio de la antigua Mesopotamia con Génesis 1-9], *Origins* 11:1 (1984), pp. 2-3, 9-29.

6. *The Christian View*, de Bernard Ramm, p. 230.

7. "The Ark of Noah", de Henry M. Morris, *CRSQ* 8:2 (sept. de 1971), pp. 142-144.

8. Cp. *The Gilgamesh Epic and Old Testament Parallels*, de Alexander Heidel, 2ª. ed. (Chicago: University of Chicago Press, 1949), p. 246.

9. Millard J. Erickson, profesor de Teología del Bethel Theological Seminary, de St. Paul, Minnesota, cometió un serio error en sus cálculos en cuanto a este punto: "Dado que los fundamentalistas generalmente aseguran que el Diluvio cubrió la totalidad de la tierra, había algunos problemas también en llevar por lo menos dos ejemplares de todas las especies de animales que había en aquel entonces (exceptuando peces y anfibios) a bordo de un barco con menos de 3.250 metros cuadrados de superficie de cubierta". *The New Evangelical Theology* (Westwood, N.J.: Fleming H. Revell Co., 1968), p. 160.

10. Cp. *El Diluvio del Génesis,* de Whitcomb y Morris, pp. 63-69. Jared Diamond, fisiólogo de la escuela médica de la UCLA, sin duda ha empujado la división taxonómica hasta el límite al estimar que hay 30.000.000 de especies de animales. Por este medio tiene éxito en hacer que el registro de Génesis parezca irremediablemente absurdo: "Está claro que Noé y sus hijos no podían albergar, alimentar y atender a esta colección de animales. Los científicos creacionistas vieron, con tristeza, que el arca se hundía bajo su propio peso" ("Voyage of the Overloaded Ark" [Viaje del Arca sobrecargada], *Discover* [junio de 1985], p. 86.

11. "A Literal View of the Bible in Huston's New Movie: NOAH" [Un punto de vista literal de la Biblia en la nueva película de Huston: NOE], de Michael A. Vaccaro, *Look* Magazine, 27 de julio de 1965, p. 25.

12. Arthur C. Custance, *The Doorway Papers,* Volume 9: *The Flood: Local or Global* [Los artículos Doorway, tomo 9: El Diluvio: ¿local o global?] (Grand Rapids: Zondervan Pub. House, 1979), p. 36. El capítulo en este libro sobre "The Extent of the Flood" [La extensión del Diluvio], se publicó en 1958 como Doorway Paper #41, pero no se lo revisó significativamente para el tomo de 1979 a fin de interactuar con las críticas que se publicaron en 1961 en *El Diluvio del Génesis.*

13. "A Universal Flood: Some Practical Difficulties" [Un diluvio universal: algunas dificultades prácticas], de George S. Cansdale; *Faith and Thought* (Journal of the Victoria Institute), tomo 98, Nº. 2 y 3, 1970, p. 66.

Gerhard F. Hasel ("Some Issues Regarding the Nature and Universality of the Genesis Flood Narrative" [*Origins* 5:2 (1978)]), demuestra que la expresión "toda carne" en Génesis 6:12-13, que aparece unas cuarenta y seis veces en el Antiguo Testamento y trece veces en el relato del Diluvio, denota "todo ser viviente", y no sólo seres humanos o animales domésticos (pp. 59-60; 83-91).

14. *The Flood Reconsidered* [Reconsideración del Diluvio], de Frederick A. Filby (Grand Rapids: Zondervan Pub. House, 1971), pp. 65, 86.

15. Filby: *The Flood Reconsidered* [Reconsideración del Diluvio], p. 86.

16. *A History and Warfare of Science with Theology in Christendom* [Una historia de la guerra de la ciencia con la teología en la cristiandad], de Andrew D. White (Nueva York: George Braziller, reimpreso en 1955), p. 234.

17. *The Biblical Flood and the Ice Epoch* [El diluvio bíblico y la época de hielo] (Seattle: Pacific Meridian Pub. Co., 1966), p. 64. Cursivas agregadas. Aunque critica un poco los puntos de vista de Immanuel Velikovsky (pp. 138, 208), no obstante sigue el mismo enfoque básico buscando explicar muchos de los grandes sucesos milagrosos registrados en las Escrituras (p.ej., el Exodo de Egipto, p. 181) en términos de catastrofismo astral puramente casual. Patten cree en una creación original (p. 266) pero también revela un punto de vista débil en cuanto a la autoridad de la Palabra de Dios (nota al pie p. 216; 307). Para una crítica de su libro por Henson, Mulfinger, Reymond y Williams, véase el *CRSQ* 4:4 (marzo 1968), pp. 129-132. Véase también el punto de vista de Alvin O. Ramsley en la JASA 19:4 (dic. de 1967), pp. 122-123.

18. "A Universal Flood", de Cansdale, p. 65-66.

19. *Jamieson, Fausset, and Brown Commentary* [Comentario de Jamieson, Fausset y Brown] (Grand Rapids: Wm. B. Eerdmans Pub. Co., reimpreso en 1948), I, 95.

20. *The Christian View* [El punto de vista cristiano], de Ramm, p. 249. Ronald Youngblood pregunta: "¿Cómo habrán hecho para llegar al Arca desde sus diferentes habitats las decenas de miles de especies que había en todo el mundo? ¿Cómo habrán hecho los grandes animales para cruzar los océanos desde otros continentes?" (*How It All Began* —Cómo empezó todo—[Ventura, Calif., Regal Books, 1980], p. 131). En forma típica, Youngblood da por sentado lo que queda por probar en cuanto a la universalidad y aspectos milagrosos del acontecimiento del Diluvio (como el levantamiento repentino de enormes cadenas de montañas al final del año del Diluvio conforme se establece en Salmo 104:6-9). Quizás había sólo un continente antes del Diluvio, y los representantes de todos los animales con aliento de vida podrían haber estado en la zona general vecina al Arca.

21. *How It All Began*, de Youngblood, pp. 131-132.

22. Cp. *The Flood: Local or Global?*, de Custance, p. 36.

23. *The Christian View*, de Ramm, p. 246.

24. *Génesis: Introducción y comentario*, de Derek Kidner (Buenos Aires: Ediciones Certeza, 1985), p. 110. Véase también *A Hebrew and English Lexicon of the Old Testament*, de F. Brown, S. R. Driver y C. A. Briggs (Oxford: Clarendon Press, 1968), p. 270. Ana oró: "Jehová de los ejércitos, si te dignares . . . y te *acordares* de mí" (1 Samuel 1: 11). En su hora de necesidad, "clamó Sansón a Jehová, y dijo: Señor Jehová, *acuérdate* ahora de mí" (Jueces 16:28). El ladrón que moría en la cruz clamó a Jesús: "*Acuérdate* de mí" (Lucas 23:43). En cada caso debemos considerar la forma *espectacular* en que Dios respondió.

25. *How It All Began*, de Youngblood, pp. 129-130.

26. *Ibid.*, p. 132. Donald C. Boardman, profesor emérito de geología del Wheaton College, en un artículo publicado en 1986, apela a los escritos de Bernard Ramm y Arthur Custance en el decenio de 1950 para argumentos exegéticos contra la universalidad del Diluvio ("Did Noah's Flood Cover the

Entire World? No" —¿Cubrió el mundo entero el diluvio de Noé? No—[en *The Genesis Debate*, ed. por Ronald Youngblood (Nashville: Thomas Nelson Publishers, 1986), pp. 210-229]) e ignora *El Diluvio del Génesis* (1961) y todas las refutaciones subsiguientes contra Ramm y Custance. En el libro de Youngblood, Steven A. Austin presenta evidencia que apoya la universalidad del Diluvio (pp. 210- 228).

27. Los cien años de advertencia dados a Noé, la agrupación sobrenatural de los animales y la cronología del año del Diluvio, hacen que sea extremadamente difícil tomar en serio la teoría de una "catástrofe estelar" de Velikosky y Patten. Patten piensa que si no se puede demostrar científicamente cómo sucedió el Diluvio, la "geología puede fácilmente invernar por otros 100 años en su actual lecho uniformista" (*The Biblical Flood and the Ice Epoch*, p. 20). Pero su esfuerzo por explicar el Diluvio como la consecuencia natural de una intrusión estelar que trastorna el equilibrio de la tierra, ignora las claras afirmaciones bíblicas que describen y requieren obras sobrenaturales de parte de Dios. Esto nos lleva a preguntar si a Génesis lo están manipulando para adaptarlo a una teoría preconcebida.

28. Cp. *El Diluvio del Génesis*, de Whitcomb y Morris, pp. 225, 232-234, 524-526.

29. *Planet Earth: Flood* [El planeta tierra: Diluvio], de Champ Clark (Alexandria, VA: Time-Life Books, Inc., 1982), p. 19.

30. Cp. *Exposition of Genesis*, de H. C. Leupold (Grand Rapids: Baker Book House, 1949), pp. 112-114.

31. Cp. *El Diluvio del Génsis*, de Whitcomb y Morris, pp. 419-423. En 2 Pedro 3:5 parece inferirse una fuente adicional de aguas del Diluvio aparte de las oceánicas — "que proviene del agua y por el agua".

32. Una comparación de 2 Reyes 7:2, Isaías 24:18 y Malaquías 3:10 muestra que los judíos entendían que "ventanas de los cielos" era una metáfora. Véase también la útil discusión de esta metáfora bíblica en *The Waters Above*, de Dillow, pp. 65-69. Donald B. DeYoung y yo hicimos una reseña del libro de Dillow en la revista *Grace Theological Journal* 3:1 (Primavera de 1982), pp. 123-132.

33. Génesis 1:6-8. Paul Seely ("The Three-Storied Universe" [El universo de tres pisos], *JASA* 21:1 (marzo de 1969), pp. 18-22) niega la realidad de la "expansión" bíblica tergiversando su significado. Para aclaraciones eficaces véase Cartas al Redactor, de R. Laird Harris y Robert C. Newman, *JASA* 21:3 (sep. de 1969), pp. 92-93; y "The Literary Form of Genesis 1-11", de Walter C. Kaiser, Jr., en New Perspectives on the Old Testament, ed. por J. Barton Payne (Waco, Tex.: Word Books, Inc., 1970), pp. 57-58.

34. Para una defensa exegética de la orientación diluviana de Salmo 104: 6-9, véase "The Waters of the Earth: An Exegetical Study of Psalm 104:1-9", de David G. Barker, *Grace Theological Journal* 7:1 (Primavera de 1986), especialmente las páginas 75-80.

35. A principios del siglo diecinueve, Charles Lyell [1797-1875] popularizó el enfoque "uniformista" de la historia terrestre: que los procesos geomórficos que pueden observarse en acción en la actualidad, como la erosión, la sedimentación, la glaciación, el volcanismo, el diastrofismo, etc. (todos actuando *esencialmente* de la misma forma como en la actualidad) pueden invocarse para explicar el origen y la formación de *todos* los accidentes geológicos terrestres. Compárense las definiciones de uniformismo y catastrofismo en *El Diluvio del Génsis*, de Whitcomb y Morris, pp. 30, 32, 238, 248; y en *The Principle of Uniformity in Geology, Biology and Theology*, de R. Hooykaas (Leiden: E. J. Brill, 1963), pp. 30-31. Véase también el capítulo 4 de esta obra.

36. *The Nature of the Stratigraphical Record*, de Derek Ager (Nueva York: John Wiley Publishers, 1981), pp. 44, 45.

37. "Twelve Fallacies of Uniformitarianism" [Doce falacias del uniformismo], de James H. Shea, *Geology*, tomo 10 (sept. de 1982), pp. 456-458. Clark R. Chapman observa que "toda la superestructura de su ciencia [lyelliana] se edificó sobre suposiciones uniformistas; pedirle a un geólogo [lyelliano] que dude de esas suposiciones sería como pedirle a un sacerdote que dude de la existencia de Dios . . ." (*Planets of Rock and Ice* [Nueva York: Charles Scribner's Sons, 1982], p. 30).

38. Para una presentación popular ilustrada véase a "Continents Adrift", de Charles L. Drake en el *National Geographic Atlas of the World*, quinta edición (Washington, D.C.: National Geographic Society, 1981), pp. 22-23. Véase también *Planet Earth: Continents in Collision*, de Russell Miller (Alexandria, VA: Time-Life Books, 1983).

39. *Unknown Earth: A Handbook of Geologic Enigmas* [La tierra desconocida: Un manual de enigmas geológicos], de William Corliss (Glen Arm, MD: The Sourcebook Project, 1980), p. 444. Citado por A. W. Mehlert, Reseña de C. McGowan, *In the Beginning*, en el *CRSQ* 24:1 (junio de 1987), p. 31.

Capítulo 2

1. *The Extent of the Flood* [El alcance del Diluvio], de Arthur C. Custance, p. 9. Ronald Youngblood presenta otra objeción: "Si todo nuestro planeta en un tiempo estaba cubierto de una capa de agua de muchos kilómetros [!] de espesor, ¿no podrían los astrónomos detectar sus efectos sobre la historia astral causados por el aumento temporario de la masa de la tierra?" (*How It All Began*, p. 128). Puesto que no se creó (ni necesitaba crearse) más agua durante el año del Diluvio, la masa total de la tierra y su hidrosfera habrían continuado siendo la misma. Además, es sólo *desde* la época del Diluvio que las montañas han logrado alturas que pueden medirse en "kilómetros".

2. Reseña de Arthur W. Kuschke, Jr., del *The Genesis Flood*, en *WTJ* 24:2 (mayo de 1962), p. 220. Reimpreso en *JASA* 16:2 (junio de 1964, p. 62. Debido a que él supone que las montañas antes del Diluvio eran tan altas como lo

son ahora —una suposición negada por todos los geólogos "diluvianos"— Ronald Youngblood arguye que se habría necesitado más de un año para que las aguas alcanzaran alturas como la cima de los montes de Ararat (sin decir nada del Monte Everest) y decrecieran otra vez. Dicha forma de razonar caracteriza gran parte del apoyo de Youngblood a favor del punto de vista del Diluvio local (*How It All Began*, pp. 129-130).

3. Referirse al capítulo 1.

4. *Man — God's Eternal Creation* [El hombre: Eterna creación de Dios], de R. Laird Harris (Chicago: Moody Press, 1971), p. 87.

5. Basado en el modelo especulativo de Meir Ben Uri. Véase el *Time* del 23 de feb. de 1968, pp. 76, 79; y *Christianity Today* del 29 de marzo de 1968, pp. 666-667.

6. *Man — God's Eternal Creation*, de R. Laird Harris, p. 85. No obstante, tres años antes el Dr. Harris podía declarar: "Este autor, al menos, cree en un diluvio de alcance universal"("The Mist, the Canopy, and the Rivers of Eden", p. 179).

7. Véase más adelante, pp. 57-61. T. C. Mitchell (art. "Flood", en *The New Bible Dictionary*; Londres: The Inter-Varsity Fellowship, 1962, p. 427) limita todos los términos universales en la crónica del Diluvio suponiendo que el narrador estaba tan confundido por "la nube y la niebla que deben haber acompañado al cataclismo" que pensó que todas las montañas altas debajo de todos los cielos estaban cubiertas. Recientemente, Mitchell ha modificado en parte su posición: "El texto también puede admitir la interpretación de un Diluvio universal"(art. "Flood" en *The Illustrated Bible Dictionary*; Wheaton, IL: Tyndale House Publishers, 1980, 1:511). Para perspectivas sobre el Diluvio que son más consecuentes con la Biblia, véase *Genesis in Space and Time*, de Francis A. Schaeffer (Downers Grove, IL: Inter-Varsity Press, 1972), pp. 129-140; y "Genesis", en *The Bible Knowledge Commentary*, art. por John F. Walvoord y Roy B. Zuck (Wheaton, IL: Victor Books, 1985), 1:38-40.

8. *The Flood Reconsidered*, Filby, pp. 86-101. A la vez que admite que el Arca pudo haber llevado tanto como *15.000 toneladas de carga*, Filby especula que sólo *100 toneladas de animales* necesitaban estar a bordo, con el resto del tonelaje reservado para los alimentos y el agua (pp. 88, 96), Pero aun si aceptáramos esta cifra fantásticamente baja, ¿hubiera sido "perfectamente razonable que Noé juntara y que ocho personas cuidaran"(p. 86) aunque fuera 100 toneladas (100.000 kilos) de animales en el Arca durante un año sin la intervención *directa* de Dios? Nosotros pensamos que no.

9. Filby, pp. 120-121.

10. Filby, p. 121. Cursivas agregadas. No importa lo que se diga en cuanto a un desplazamiento del eje polar, hay muchos sucesos *claramente explicados en las Escrituras*, tanto sobrenaturales como catastróficos, que muy pocos geólogos están dispuestos a admitir debido a presuposiciones uniformistas muy arraigadas. Véase el capítulo 4 más adelante.

11. Filby, pp. 2-3. Un colega británico, David C. C. Watson, agudamente observa "Filby parece aceptar la columna geológica normal como algo sacrosanto porque está elaborada por geólogos profesionales, pero cuando se trata de arqueología y geología del Cercano Oriente, está dispuesto a respaldar su propia opinión (de aficionado) contra una multitud de profesionales . . . No parece darse cuenta de que *toda* la ciencia y la erudición moderna está hechizadas por la ceguera en cuanto al Diluvio, de forma tal que interpretan mal *todos* los fenómenos, ya sea en la geología, arqueología o antropología . . . Mirándolo en forma general, el libro de Filby muestra cuán imposible es el mantenerse en una posición media con respecto al Diluvio: debemos aceptar a Génesis 7—9 tal cual es, o bien estar de acuerdo con los críticos que dicen que es pura leyenda" (*Creation Research Society Quarterly*, junio de 1971, pp. 54, 80).

12. Filby, p. 121. Cursivas agregadas. El dejar preguntas pendientes y sin contestar cuando la Escritura habla claramente está lejos de ser "el único camino razonable". El agnosticismo no es una virtud en la presencia de un "así dice el Señor". Véase Mateo 21:27.

13. *The Quest for Noah's Ark*, de John Warwick Montgomery (Minneapolis: Bethany Fellowship, Inc., 1972), pp. 41, 263. Véanse también sus artículos en *Christianity Today*: "Ark Fever", 2 de julio de 1971, pp. 946-947; "A Question of Credentials", 27 de agosto de 1972, p. 1043; "Arkeology 1971", 7 de enero de 1972, pp. 342-343; y "How Not to Find the Ark", 22 de diciembre de 1972, p. 236.

14. *The Quest for Noah's Ark*, de Montgomery, p. 274.

15. "Arkeology 1971", de Montgomery, p. 343.

16. "How Scientific is Science?", de John W. Montgomery; *Christianity Today*, sept. 29 de 1972, p. 52. Nótese el comentario de Schmurr en una carta al redactor, 10 de noviembre de 1972, p. 48.

17. "Inspiration and Inerrancy: A New Departure" [Inspiración e infalibilidad: Un nuevo rumbo], de John W. Montgomery, *JETS* 8:12 (primavera de 1965), p. 59.

18. Para una discusión sobre la doctrina bíblica de la creación con una apariencia superficial de historia, véase *La tierra primitiva*, de John C. Whitcomb, (L.N. Alem, Argentina: Ediciones Hebrón, 1985), pp. 27-36.

19. "Inspiration", de Montgomery, p. 63.

20. Véanse las páginas 66-86 más adelante.

21. Para una lista bien documentada de dichas evidencias, véase "A Young Earth?—A Survey of Dating Methods" [¿Una tierra joven?: Un estudio sobre los métodos de fechado], de Eugene F. Chaffin, en *CRSQ* 24:3 (diciembre de 1987), pp. 109-117. Véase también *Scientific Creationism*, 2ª. ed. [Creacionismo científico] de Henry M. Morris (El Cajon: Master Books, 1985), pp. 131-170; *What is Creation Science?* ed. rev. [¿Qué es la ciencia de la creación?], de Henry M. Morris y Gary E. Parker (El Cajon: Master Books, 1987), pp. 197-220 (sobre la segunda ley de la termodinámica) y pp. 273-291; artículos de Thomas

G. Barnes sobre el rápido agotamiento del campo magnético de la tierra (serie "Impact"#100 del *I.C.R.* [octubre 1981], #110 [agosto 1982], #122 [agosto 1983], y *CRSQ* 23:1 [junio 1986]; y varios estudios de Ariel A. Roth, editor, *Origins: A Publication of the Geoscience Research Institute* (Loma Linda, CA, 92350), especialmente en 12:1 (1985), pp. 48-56, y 13:2 (1986), pp. 64-85.

22. *El Diluvio del Génesis,* de Whitcomb y Morris, pp. 100-127, para un análisis extenso del concepto de Bernard Ramm sobre un diluvio antropológicamente local.

23. Henry M. Morris declaró: "Aun si usáramos coeficientes apropiados en el mundo actual . . . más de 3.000 millones de personas podrían fácilmente haber estado en la tierra durante el tiempo de Noé" (*The Biblical Basis for Modern Science* —La base bíblica para la ciencia moderna—[Grand Rapids: Baker Book House, 1984], p. 421). En respuesta a la pregunta de por qué no encontramos millones de fósiles humanos si en el Diluvio murieron 3.000 millones de personas, Morris explica: "Noy hay duda de que, a medida que las aguas del Diluvio se elevaron, los hombres huyeron hacia las colinas más elevadas y habrían sido los últimos de todas las criaturas sobre la tierra seca que serían alcanzadas y ahogadas por las aguas. Por lo tanto, no serían sepultadas en los sedimentos del Diluvio. Por supuesto, es posible que algunos individuos quedarían atrapados y sepultados, y sus huesos finalmente fosilizados, pero aun la mayoría de estos no se descubriría más tarde. Unos cuantos fósiles, posiblemente de hombres antediluvianos, se han encontrado, y otros quizás se desentierren en el futuro, pero seguramente que serían casos muy raros" (p. 422). Emmett L. Williams presenta evidencia que apoya esta conclusión basado en el análisis de una gran inundación que ocurrió en Virginia en 1969 ("Panorama of Science", *CRSQ* 23:2 [sept. 1986], pp. 62-63.

24. Para evaluaciones detalladas de restos humanos fósiles véase *Evolution: The Challenge of the Fossil Record* [Evolución: El desafío del registro de los fósiles], de Duane T. Gish (El Cajon, CA: Master Books, 1985), pp. 130-228; *What Is Creation Science?* de Henry M. Morris y Gary E. Parker, pp. 151-163; Ape-Men: Fact of Falacy? 2ª. ed., de Malcolm Bowden (Sovereign Publishers, P. O. Box 88, Bromley, Kent, Inglaterra BR2 9PF, publicado en 1981).

25. Charles A.Clough, "A Calm Appraisal of *The Genesis Flood,*" (tesis para Th.M. inédita, Dallas Thelogical Seminary, 1986), p. 53.

26. Filby concede que el Diluvio debe haber "arrasado desde los océanos Atlántico, Mediterráneo e Indico, sobre gran parte de Europa y Asia, hasta Alaska y todavía más allá" (*The Flood Reconsidered*, pp. 31-32). También cita, con aparente aprobación (p. 35, nota Nº 36), una declaración de Patrick O'Connell en *Science of Today and the Problems of Genesis* (St. Paul, MN: Radio Replies Press Society, 1959) que el Diluvio también debe haber cubierto la India, China y Norteamérica al este de los montes Rocosos. Pero si uno está tan cerca de aceptar el testimonio bíblico de un Diluvio universal, ¿por qué no decir que era total?

27. *Génesis: Introducción y comentario,* de Derek Kidner (Buenos Aires: Ediciones Certeza, 1985), p. 114. Luego de presentar apoyo a favor de la interpretación del Diluvio universal de Génesis 6—9, Ronald Youngblood declara: "No obstante, el apóstol Pedro parece suponer que el diluvio y su devastación fueron universales y totales, excepto pora Noé y su familia" (*The NIV Study Bible,* ed. por Kenneth Barker; Grand Rapids, MI: Zondervan Bible Publishers, 1985, p. 15). Uno pensaría que para un cristiano teológicamente conservador las declaraciones del apóstol Pedro deberían dar por establecido el asunto de cómo debe entenderse la crónica de Génesis. En otra parte, Youngblood arguye que el uso que Pedro hizo del término *kosmos* (2 Pedro 3:6) da lugar a un Diluvio local (*How It All Began,* p. 133); pero admite que el contexto inmediato (vv. 5 al 7) "habla de los cielos y la tierra en un sentido claramente universal". Parecería que esto, seguramente, debiera dar por terminado el asunto.

28. *The Christian View,* de Ramm, p. 240.

29. *The Flood Reconsidered,* de Filby, p. 81.

30. Filby, pp. 83, 98 (nota Nº 5). Derek Kidner señala otros supuestos ejemplos de este "sentido antiguo" de entender las expresiones universales en Colosenses 1:23 y Hechos 2:5 (Genesis, p. 94). Los escritores evangélicos han llegado a extremos peligrosos al suponer que los términos universales en Génesis 1—11 y declaraciones como "arriba en el cielo, ni abajo en la tierra, *ni en las aguas debajo de la tierra*" (Exodo 20:4) infieren que los escritores de la Biblia compartían un punto de vista anticuado del mundo con sus contemporáneos paganos (cp. Karl Barth's *Doctrine of Holy Scripture,* de Klass Runia; Grand Rapids: Wm. B. Eerdmans Pub. Co., 1962, pp. 83-90). F. W. Grosheide y G. C. Aalders (cuyos puntos de vista Runia rechaza, p. 82) correctamente resiste dicha tendencia. Con respecto a Exodo 20:4, es sorprendente que Runia no haya notado que Moisés estaba hablando de *aguas oceánicas debajo de la línea de pleamar* (Dt. 4:18 — "pez alguno que haya en el agua debajo de la tierra"). Capítulo 1 anterior, nota 30.

31. *Reseña crítica de una introducción al Antiguo Testamento,* de Gleason L. Archer (Grand Rapids: Editorial Portavoz, 1987), pp. 225-226.

32. "Hermeneutics as a Cloak for the Denial of Scripture" [La hermenéutica como pretexto para negar las Escrituras], de J. Barton Payne, *JETS* 3:4 (otoño de 1960), p. 94. Veinte años después que Payne escribiera esas profundas palabras, encontramos que la forma de pensar de Ramm se perpetúa mediante Ronald Youngblood: "La crónica bíblica del diluvio, con sus anotaciones cronológicas cuidadosamente registradas y otros detalles, se leen como un libro de bitácora mantenido por el propio Noé. Si es así, los 'montes altos' eran montañas de las que él sabía o había oído hablar o podía ver, las eminencias de baja altura de Shinar o Babilonia (véase 11:2) más bien que los elevados picos de las cordilleras de Zagros o del Cáucaso, o —aun menos probable— los Himalayas. La altura, después de todo, es un asunto

relativo" (*How It All Began*, de Ronald Youngblood, p. 126). Noé debe haber sido un hombre abismalmente ignorante para vivir en la Mesopotamia durante 600 años y todavía no saber nada de las verdaderas montañas. Para un análisis detallado de los términos universales usados en la crónica del Diluvio de Génesis 6—9, véase "The Biblical View of the Extent of the Flood" [El punto de vista bíblico de la extensión del Diluvio], de Gerhard F. Hasel; *Origins* 2:2 (1975), pp. 77-95.

33. *The Message of Genesis*, de Ralph H. Elliott (Nashville: Broadman Press, 1961), p. 67. De forma neoortodoxa similar, Bernard W. Anderson hace desaparecer eficazmente la base histórica de Génesis: "No es necesario que estemos interesados en el hecho de que los arqueólogos y geólogos no han encontrado evidencia alguna de una inundación de proporciones tales que 'todos los montes altos que había debajo de todos los cielos, fueron cubiertos'. Mediante esta forma de cuento el narrador está abordando algo de significado histórico muchísimo mayor para él: la universalidad del pecado humano . . . Desde el punto de vista del narrador, la universalidad del pecado es igualada por la universalidad del juicio de Dios. El diluvio debe ser total, completo". *The Beginnings of History* [Los comienzos de la historia], ed. por William Barclay y F. F. Bruce (Nashville: Abingdon Press, 1963), pp. 53-54. Véase el capítulo 4 para un análisis adicional de las interpretaciones neoortodoxas de Génesis.

34. Este hecho ha sido claramente evidenciado en las publicaciones oficiales de la American Scientific Affiliation, una sociedad de científicos evangélicos (véase el capítulo 4 de esta obra para las reacciones de la A.S.A. con respecto a *El Diluvio del Génesis*). Loren Wilkinson, un profesor de filosofía del Regent College, una institución evangélica en Vancouver, Columbia Británica (Canadá), también está profundamente comprometido a las perspectivas uniformistas en cuanto a astronomía y geología. Por lo tanto, a la vez que admite que el autor de Génesis "intentaba hablar de un día de 24 horas" de creación, nosotros debemos "ampliar el significado del texto de Génesis más allá de lo que el autor intentaba decir", porque Dios debe hablarnos mediante descubrimientos científicos recientes. Por lo tanto, nosotros debemos "permitir que nuestro conocimiento más reciente profundice la enseñanza de la Escritura", de lo contrario habremos "eliminado la posibilidad de practicar geología" ("Integration and Interpretation", Crux 23:1 [marzo de 1987], pp. 20-21). Parecería que ahora, además (o en vez) de que el Nuevo Testamento sirva como nuestra guía inspirada e infalible para el verdadero significado de los textos del Antiguo Testamento, el consenso contemporáneo sobre cosmogonía naturalista es nuestra guía hermeneútica para el verdadero significado de Génesis y, presumiblemente, todas las demás partes de la Biblia también. El desastre teológico de dicha posición debe ser evidente a todos los estudiantes que pueden discernir la Palabra de Dios escrita.

35. En su comprensiva obra, *A History of Modern Creationism* [Una historia

del creacionismo moderno] (El Cajon, CA: Master Books, 1984), Henry M. Morris investiga el origen y la historia de la Creation Research Society [Sociedad para Investigación de la Creación] (pp. 235-275), y muchas otras sociedades y asociaciones creacionistas en los Estados Unidos y en el extranjero (pp. 205-234. 273-305). Información con respecto a la *C.R.S.* y su publicación trimestral puede obtenerse escribiendo a P. O. Box 14016, Terre Haute, IN 47803; y las publicaciones del *I.C.R.* (y su boletín de noticias gratis, *Acts & Facts*), P. O. Box 2667, El Cajon, CA 92021.

Capítulo 3

1. Cp. *The Christian View*, de Ramm, pp. 238-239.
2. Cp. *El Diluvio del Génesis*, de Whitcomb y Morris, pp. 189-198, para un análisis de la "teoría [de un Diluvio] tranquilo" y el problema del episodio de la rama de olivo en Génesis 8:6-12, lo que constituye la base bíblica que se supone para dicha teoría.
3. De igual manera, Tomás de Aquino "armonizó" la Escritura con Aristóteles: una unión de la cual la teología católicorromana no se ha podido recuperar todavía. Cp. *Philosophy and the Christian Faith [*La filosofía y la fe cristiana*]*, de Colin Brown (Chicago: Inter-Varsity Press, 1969), p. 25; y *God, Revelation and Authority [*Dios, revelación y autoridad*]*, de Carl F. H. Henry (Waco, TX: Word Books Pub., 1976), 2:104-115.
4. Cp. *The Johnstown Flood* [La inundación de Johnstown], de David G. McCullough (Nueva York: Simon and Schuster, Inc., 1968). "De todos los peligros naturales, las inundaciones son las que se extienden por distancias más grandes y son los más desastrosos para la vida y la propiedad. Un estudio sobre los desastres naturales descubrió que entre los años 1947 y 1967, por lo menos 173.170 personas murieron como resultado directo de inundaciones fluviales, una diferencia de 269.635 muertos en ocho distintas categorías de catástrofes, incluyendo huracanes, tifones, terremotos y volcanes" (*Planet Earth: Flood*, de Champ Clark, p. 19).
5. "The Killer Among Us" [El asesino entre nosotros], de Charles Lekberg, en *The 1971 World Book Year Book* (Chicago: Field Enterprises Educational Corp., 1971), p. 294. Véase también la descripción de Gordon Gaskill de la inundación de 1963 en Longarone, Italia, que resultó en la muerte de más de 2.000 personas en seis minutos: "The Night the Mountain Fell", *Reader's Digest*, mayo de 1965, pp. 59-67.
6. "The Killer Among Us", de Lekberg, p. 294. "La investigación moderna continúa mostrando, a pesar de la débil resistencia uniformista, que han ocurrido poderosas catástrofes. Una vasta región de valles, cuencas y colinas de erosión, de 300 km de costa, se creó en la parte oriental del Estado de Washington en sólo unos cuantos días, cuando 400 millas cúbicas de agua [!] del Lago Missoula repentinamente irrumpieron a través de una presa de

glaciar y se desparramaron por tierra hasta el Pacífico" (*Planets of Rock and Ice*, de Clark R. Chapman, p. 32).

7. Cp. *El Diluvio del Génesis*, de Whitcomb y Morris, p. 431, figura 25.

8. "Ocean Waves", de Willard Bascom, *Scientific American* 201:2 (agosto de 1959), p. 80-83.

9. Cp. *The Principle of Uniformity in Geology, Biology, and Theology*, de R. Hooykaas, pp. 1-66.

10. *Life, Letters, and Journals of Sir Charles Lyell* [Vida, cartas y diarios de Sir Charles Lyell], I, 253, 256, 328; citado en *Why Scientists Accept Evolution* [Por qué los científicos aceptan la evolución], Phillipsburgh, NJ: Prebyterian and Reformed Pub. Co., 1966), p. 19.

11. Carta al redactor, de J. Oliver Buswell, Jr., JASA 15:4 (dic. de 1963), p. 122.

12. *El Diluvio del Génesis*, de Whitcomb y Morris, pp. 446-447. Véase también "Sedimentation and the Fossil Record: A Study in Hydraulic Engineering" [La sedimentación y el registro de los fósiles: Un estudio en ingeniería hidráulica], en *Why Not Creation?* (ed. Walter Lammerts), pp. 125-127, 133-135; y *What is Creation Science?*, de Henry M. Morris y Gary E. Parker, pp. 247-252.

13. *El Diluvio del Génesis*, de Whitcomb y Morris, p. 230. Además de las corrientes, debe haber habido una enorme complejidad de grandes "olas brásmicas" *(tsunamis)* durante el año del diluvio. Joseph Bernstein observó que "en las profundas aguas del Pacífico estas olas alcanzan una velocidad de 800 kilómetros por hora". Pero a diferencia de la opinión popular, las "*tsunamis* son tan poco profundas en comparación con su longitud que en el océano abierto son difíciles de detectar. A veces la amplitud de estas olas es tan reducida que sólo alcanzan a medio metro desde la base hasta la cresta. Generalmente es sólo cuando se aproximan a aguas poco profundas o a la costa que ellas aumentan de volumen hasta alcanzar alturas aterradoras" ("Tsunamis", *Scientific American*, agosto de 1954, p. 61). De esa forma, dichas "olas brásmicas" habrían tenido muy poco efecto en el Arca de Noé. La descripción muy popular de Jack Durkee del punto de vista de un Diluvio universal que involucra "olas brásmicas que se desplazan a miles de kilómetros por hora" debe designarse como caricatura (*Who Says?*, ed. por Fritz Ridenour; Glendale, CA: Gospel Light Publications, 1967, p. 147). Millard J. Erickson, prominente teólogo norteamericano, quien dedicó su libro a Bernard Ramm y otros, al describir varias teorías de la creación usa una caricatura similar cuando resume "la teoría del diluvio": "En los días de Noé, la tierra fue cubierta por una enorme inundación; había olas gigantescas con una velocidad de miles de kilómetros por hora". La única fuente que Erickson cita para su "teoría del diluvio" es un libro que aparentemente no leyó, escrito en 1923 por G. M. Price. (*Christian Theology* [Grand Rapids: Baker Book House, 1986], pp. 380-381.)

14. *Biology: A Search for Order in Complexity* [Biología: La búsqueda del orden en la complejidad], de Moore y Slusher (Grand Rapids: Zondervan Pub. House, 1970), p. 412. Para fotografías y explicaciones sobre estas formaciones, véase también *Applied Hydraulics in Engineering*, 2ª. ed., de Morris y Wiggert (Nueva York: Ronald Press Co., 1972) p. 523; y *El Diluvio del Génesis*, de Whitcomb y Morris, pp. 269-271.

15. "Streamlining Stratigraphy", de Clifford L. Burdick, en *Scientific Studies in Special Creation*, ed. por Walter Lammerts (Nutley, NJ: Presbyterian and Reformed Pub. Co., 1971), pp. 127-128. Véase, en el mismo libro "The Mystery of the Red Beds", de Harold W. Clark, pp. 156-164. Cp. una obra más reciente titulada "Ten Misconceptions About the Geologic Column", de Steven A. Austin, *Impact* #137 (El Cajon, CA: Institute for Creation Research, noviembre de 1984); y especialmente "A Diluviological Treatise on the Stratigraphic Separation of Fossils", de John Woodmorappe, *CRSQ* 20:3 (diciembre de 1983), pp. 133-185 (con 807 referencias documentadas).

16. *Historical Geology*, de Carl O. Dunbar (Nueva York: Wiley & Sons, 1949), p. 39.

17. Comunicación personal del arqueólogo Nelson Glueck, 20 de abril de 1959.

18. *Darwin's Enigma*, ed. rev. [*El enigma de Darwin*], de Luther D. Sunderland (Santee, CA: Master Books Publishers, 1988), p. 9. Para un estudio sobre cómo los organismos de agua dulce y agua salada pudieron, en algunos casos, sobrevivir el Diluvio, véase "Flood Model Experiment", de E. Norbert Smith y Stephen C. Hagberg, *CRSQ* 21:1 (junio de 1984), p. 33.

19. "The Riddle of the Mammoths" [El acertijo de los mamutes], de Ivan T. Sanderson; *Saturday Evening Post* (dic. 7 de 1946), pp. 127, 142, 144, 147.

20. "Riddle of the Frozen Giants" [El enigma de los gigantes congelados], de Ivan T. Sanderson, *Saturday Evening Post* (ene. 16 de 1960).

21. *El Diluvio del Génesis*, de Whitcomb y Morris, pp. 416-423.

22. *Darwin Retried*, de Norman Macbeth (Boston: Gambit, Inc., 1971), p. 115.

23. "Fishing for Fossils", *Compressed Air Magazine*, tomo 62 (marzo de 1958), p. 24.

24. Véase la revista *National Geographic Magazine* (feb. de 1963), pp. 288 (foto), 296. Véase especialmente "The Antediluvian Biosphere and Its Capability of Supplying the Entire Fossil Record", de John Woodmorappe, en Actuaciones de la Primera Conferencia Internacional sobre Creacionismo, ed. por Robert E. Walsh, et al, tomo 2, agosto 4 al 9 de 1986 (Creation Science Fellowship, 362 Ashland Avenue, Pittsburgh, Pensilvania 15228), pp. 205-218.

25. *El Diluvio del Génesis*, de Whitcomb y Morris, p. 288. Véase también "Research on the Classic Joggins Petrified Trees", de Harold G. Coffin, en el *CRSQ* 6:1 (junio de 1969), pp. 35-44; y "A Paleoecological Misinterpretation",

CRSQ 5:2 (sep. de 1968), pp. 85-87. Este último artículo se reimprimió en *Scientific Studies in Special Creation*, ed. por Walter Lammerts (Nutley, NJ: Presbyterian and Reformed Pub. Co., 1971), pp. 165ss. Véase también *Scientific Creationism*, ed. rev., de Henry M. Morris (El Cajon, CA: Master Books, 1985), pp. 107-110.

26. "Prolegomena to a Study of Cataclysmical Sedimentation", de N. A. Rupke, en *Why Not Creation?*, p. 153.

27. Cp. "We Captured a 'Live' Brontosaurus", de Roland T. Bird, *National Geographic Magazine*, mayo de 1954, pp. 707-722.

28. Cp. fotografías de "Prolegomena", de Rupke, pp. 165-171. "En los meandros interiores del río Columbia actual, en la región Palouse, hay marcas de ondas gigantes que fueron dejadas por el agua decreciente. Dichas marcas se componen de enormes bancos de grava, de quince metros de alto y cien metros de separación. Se requiere un movimiento de agua tremendo para formar dichos accidentes"(The Controversy: Roots of the Creation-Evolution Conflict, de Donald E. Chittick [Portland: Multnomah Press, 1984], p. 217).

29. "Origin of the Cambrian-Precambrian Unconformity" [Origen de la discordancia cambriana-precambriana], de Walter S. Olson, American Scientist, *LIV Nº* 4 (diciembre de 1966), pp. 461-462, 458.

30. N. H. Fenneman, *Physiography of Western United States* [Fisiografía del oeste de Estados Unidos] (Nueva York: McGraw-Hill, 1931), pp. 11, 14, 147, 274.

31. "On the Recent Origin of the Pacific Southwest Deserts" [Sobre el origen reciente de los desiertos de la zona sudoccidental del pacífico de EE.UU.], de Walter Lammerts, *CRSQ* 8:1, junio de 1971, pp. 50-54.

32. *El Diluvio del Génesis*, de Whitcomb y Morris, pp. 513-523. Véase también la extraordinaria demostración del origen reciente del delta del Misisipí, de Benjamin F. Allen, "The Geologic Age of the Mississippi River" [La edad geológica del río Misisipí], *CRSQ* 9:2, sept. de 1972, pp. 96-114.

33. *El Diluvio del Génesis*, de Whitcomb y Morris, pp. 272-275.

34. "The Cause of Mountain Building—An Enigma" [La causa de la orogénesis: un enigma], de A. J. Eardley, *American Scientist* (junio de 1957), pág. 189.

35. *El Diluvio del Génesis*, de Whitcomb y Morris, pp. 263-266.

36. *El Diluvio del Génesis*, de Whitcomb y Morris, pp. 251-252. Véase también *Planet Earth: Volcano*, por los redactores de Time-Life Books (Alexandria, VA, 1982), p. 47.

37. *Principles of Geomorphology* [Principios de geomorfología], de Wm. D. Thornbury (Nueva York: Wiley & Sons, 1954), p. 354.

38. "Another Look at the Ice Age" [Otra mirada a la edad de hielo], de Wm. L. Stokes, *Science* (28 octubre 1983), p. 815. Véase también "Ice Ages: The Mystery Solved" [Las edades de hielo: Un misterio resuelto], de Michael J. Oard, una serie de tres partes en *CRSQ*, comenzando con 21:2 (sept de 1984).

39. Cp. "Monoglaciology and Global Flood" [La monoglaciología y el

diluvio global], de Wm. A. Springstead, *CRSQ* 8:3 (dic. de 1971), pp. 175ss sigs; y *El Diluvio del Génesis*, de Whitcomb y Morris, pp. 491-504.

40. La reseña de Frank H. Roberts del *The Genesis Flood*, en *JASA* 16:1 (marzo de 1964), p. 29.

41. "Fundamentalism and Fundamentals of Geology" [El fundamentalismo y los fundamentos de la Geología], de J. R. van de Fliert, *JASA* 21:3 (sept. de 1969), pp. 75-77.

42. *El Diluvio del Génesis*, de Whitcomb y Morris, p. 326.

43. "Role of Fluid Pressure in Mechanics of Overthrust Faulting" [El papel de la presión de fluidos en la mecánica de la falla ascendente], de M. K. Hubbert y W. W. Rubey, *Bulletin of Geological Society of America* (feb. de 1959), pp. 122, 126. Para estudios más recientes de "sobrescurrimientos", véanse los siguientes artículos en *CRSQ* 3:1 (mayo de 1966), "Supposed Overthrust in Franklin Mountains, El Paso, Texas", de H. S. Slusher; "Overthrust Faults in Clacier National Park", de W. E. Lammerts, mayo de 1966; "The Empire Mountains—A Thrust Fault?", de C. L. Burdick y H. S. Slusher, junio de 1969; "The Lewis Overthrust," de C. L. Burdick, sept. de 1969; "The Glarus Overthrust", de W. E. Lammerts, marzo de 1972; y "Overthrust Evidence as Observed at Faults Caused by the San Fernando Earthquake", de G. F. Howe, marzo de 1972. Véase también "Recorded Instances of Wrong Order Formations or Presumed Overthrusts in the United States: A Bibliography", de W. E. Lammerts (en varios números del *CRSQ* comenzando con 21:1 (sept. de 1984), p. 88.

44. "A Nongeneticist Looks at Evolution" [Mirada a la evolución por uno que no es geneticista], de C. P. Martin, American Scientist (enero de 1953), p. 105. Para una declaración más reciente y muy similar, véase *Implications of Evolution*, de G. A. Kerkut (Nueva York: Pergamon Press, 1960), pp. 3-5.

45. A pesar de que no aprueba los motivos y mecanismos de los conceptos del catastrofismo global de Immanuel Velikovsky (aunque pueden obtenerse muchas introspecciones valiosas especialmente de su obra *Earth in Upheaval*), hallamos que es fascinante observar la respuesta de la institución uniformista en cuanto a sus escritos. Si aun una alternativa secular para el uniformismo es suprimida tan fanáticamente, no es difícil imaginarse cómo dichos círculos recibirían al catastrofismo bíblico. Véase *The Velikovsky Affair*, de Alfred de Grazia (New Hyde Park, NY: University Books, 1966), y los números especiales de mayo y otoño del 1972 de *Pensee* (P. O. Box 414, Portland, Ore. 97207). Véase también *Darwin Retried*, de Norman Macbeth, pp. 110-116; y "Report on the Velikovsky Simposium", de Ian MacIver, *CRSQ* 10:3 (dic. de 1973), pp. 142-148.

Capítulo 4

1. Filipenses, Tesalonicenses, 2 Timoteo, Tito, Filemón, 2 y 3 Juan.

2. *The Remarkable Birth of the Planet Earth* [El extraordinario nacimiento del planeta Tierra], de Henry M. Morris (San Diego: Institute for Creation Research, 1972), p. 103.

3. Se ha estimado que cada año se publican 50.000 artículos significativos en el campo de la matemática solamente.

4. *The Stones and the Scriptures* [Las piedras y las Escrituras], de Edwin Yamauchi (Filadelfia: J. B. Lippincott Co., 1972), pp. 146-157.

5. *Adam and Evolution* [Adán y la evolución], de Michael Pitman (publicado en Londres y distribuido por Baker Book House, Grand Rapids: 1984).

6. *Evolution: A Theory in Crisis* [La evolución: Una teoría en crisis], de Michael Denton (Adler & Adler Publishers, Inc., 4550 Montgomery Avenue, Bethesda, MD 20814).

7. Cp. "Theistic Evolution" [Evolución teísta], de Henry M. Morris, *CRSQ* 8:4 (marzo de 1972), pp. 269-272.

8. Cp. *La tierra primitiva*, de John C. Whitcomb (L.N. Alem, Argentina: Ediciones Hebrón, 1985), pp. 57-85.

9. *Darwin Retried*, de Norman Macbeth (Boston: Gambit, Inc., 1971), p. 109.

10. *Genes, Genesis, and Evolution* [Genes, Génesis y Evolución], de John W. Klotz (St. Louis: Concordia Pub. House, 1955), pp. 114, 116. En la edición corregida de 1970, esta declaración se encuentra en la página 113.

11. *Christianity and the Age of the Earth* [El cristianismo y la edad de la Tierra], de Davis A. Young (Grand Rapids: Zondervan Pub. House, 1982), p. 142.

12. De la misma forma, los antropólogos evolucionistas a menudo resisten la afirmación de que ellos se derivan de los simios. La respuesta que dan es que los hombres *no* vinieron de los simios, sino, más bien, que ambos, los hombres *y* los simios han descendido de una población ancestral subhumana común. "Se supone que esto es una diferencia importante. Pero el hecho es que los evolucionistas en general y Charles Darwin en particular lo han hecho un asunto de crónica impresa de que ellos *sí* creen que nosotros hemos evolucionado de los monos o los simios o de ambos". El doctor Bolton Davidheiser prosigue a dar varias citas de dichos protestadores y también de los que admiten abiertamente que sostienen esta posición. *Evolution and Christian Faith* [La evolución y la fe cristiana] (Phillipsburg, NJ: Presbyterian and Reformed Pub. Co., 1969), pp. 24 en adelante.

13. Sobre esta base, es difícil entender cómo cualquier cristiano consecuente puede ser aún un "uniformista metodológico" en el sentido final de este término. Immanuel Velikovsky (y hasta cierto grado, Donald Patten) puede defender *una catástrofe global* de hace varios miles de años y aun ser clasificado como un "uniformista metodológico", porque niega los milagros divinos y la historicidad del libro de Génesis. Debe recalcarse que el catastrofismo bíblico está tan interesado en la *causa* del Diluvio como en su *magnitud*.

14. Véase *A History of Israel* [Una historia de Israel], de John J. Davis y John C. Whitcomb (Grand Rapids: Baker Book House, 1984), pp. 463-465, para

evidencia de que al regreso de la sombra en el reloj de sol del rey Ezequías fue un milagro localizado de refracción de la luz, y de que el "día largo" de Josué 10:12-14 debe explicarse de manera similar.

15. Véanse las pp. 124, 131, 137, 287, 312, 313, 328.

16. *El Diluvio del Génesis*, de Whitcomb y Morris, p. 32, nota 4.

17. *El Diluvio del Génesis*, de Whitcomb y Morris, p. 32, nota 4.

18. Reseña de Davis A. Young del *Symposium on Creation-II*, ed. por Donald W. Patten, en *WTJ* 34:1 (nov. de 1971), p. 65. Davis Young, profundamente influenciado por el uniformismo "metodológico" hoy puede afirmar: "Quizás ha llegado la hora de hacer un ajuste, a la luz de la evidencia extrabíblica. alejada de la idea de que el texto bíblico nos da una historia científicamente verificable del planeta . . . Sugiero que estaremos en el zurco correcto si dejamos de tratar a Génesis 1 y la historia del diluvio como informes científicos e históricos . . . No hubo un diluvio global" ("Scripture in the Hands of Geologists" [La Escritura en manos de los geólogos], *Westminster Theological Journal* 49:2 [otoño de 1987], pp. 292, 303, 295.) Para una refutación del punto de vista de Davis Young de una Tierra antigua, véase " Was the Earth Created a Few Thousand Years Ago? Yes." [¿Fue creada la Tierra hace unos cuantos miles de años? Sí.], en *The Genesis Debate*, ed. por Ronald Youngblood [Nashville: Thomas Nelson Publishers, 1986], pp. 56-83).

19. Young, p. 65. Para una declaración casi idéntica, véase "Reaction and Rebuttal", de Roger J. Cuffey", *JASA*, marzo de 1971, p. 24.

20. Reseña por Davis A. Young de *Evolution and Christian Faith* de Bolton Davidheiser, en *WTJ* 23:2 (mayo de 1971), p. 223.

21. Reseña por William Sanford LaSor de *El Diluvio del Génesis*, en la revista Eternity, agosto de 1961, p. 43.

22. Reseña por Frank H. Roberts de *El Diluvio del Génesis*, en *JASA* 16:1 (marzo de 1964), p. 28.

23. Reseña por Wayne U. Ault de *El Diluvio del Génesis*, en *JASA* 16:1 (marzo de 1964), p. 29.

24. Ault, p. 29.

25. "No pretendemos poner en duda ninguno de los datos de la *ciencia* geológica. La ciencia (que significa "conocimiento") necesariamente debe tratar únicamente de los procesos *actuales*, que pueden ser medidos y evaluados en la época presente; por definición el 'método científico', involucra la reproducibilidad experimental. Por lo tanto, la extrapolación de procesos actuales hacia el pasado prehistórico o hacia el futuro escatológico no es realmente ciencia . . . En segundo lugar, hacemos énfasis en que no estamos poniendo en duda la uniformidad de las leyes fundamentales de la física . . . Estas leyes son básicas en la geología y toda la ciencia, y están claramente expuestas en las Escrituras. Este es el *verdadero* principio de uniformidad. Sólo ponemos en duda la conjetura de uniformidad de las *velocidades* de los procesos geológicos y otros, y aun aquí esencialmente sólo en la medida que

se requiere por la revelación bíblica." Whitcomb y Morris, en el "Prefacio a la Sexta Edición" de *El Diluvio del Génesis* (1982), pp. 40-42.

26. Davis A. Young ha criticado correctamente a Richard H. Bube (*The Encounter Between Christianity and Science*, Grand Rapids: Wm. B. Eerdmans Pub. Co., 1968) por su punto de vista pobre de las Escrituras. Young dice: "Si la Escritura es inequívoca en enseñar una 'hipótesis' con respecto a cierto hecho entonces todas las otras hipótesis *no son pertinentes*. Por ejemplo, la hipótesis de que Jesús tuvo un padre humano no es pertinente. De la misma forma (y a riesgo de ofender a algunos de nuestros amigos evangélicos) podemos declarar que la evolución del hombre a partir de animales inferiores no es una hipótesis pertinente. En resumen, el geólogo cristiano puede insistir en invocar la hipótesis de la creación especial donde la Escritura insista en ello". (*WTJ* 31:3 [mayo de 1969], p. 223.) Y con mucha razón. Y esto es precisamente por qué nosotros insistimos en que puesto que la Escritura claramente enseña el concepto de un Diluvio global que ocurrió en el amanecer de la historia humana, *cualquier hipótesis de geología histórica que ignore la significación hidrodinámica de un Diluvio global que duró un año no es pertinente*. Es desalentador que el Dr. Young no reconozca la inconsecuencia de su posición con respecto al Diluvio a esta altura. Véase "Some Practical Geological Problems in the Application of the Mature Creation Doctrine", de Davis A. Young. *WTJ* 35:3 (mayo de 1973, pp. 268-280) y la respuesta de este autor en el número de otoño de 1973 de la misma revista.

27. "Un libro oscuro no podría realizar las funciones que la Escritura realizaría. Una negación de la lucidez es una negación del principio mismo de la *sola scriptura* . . . Siempre que una iglesia o un teólogo [o un geólogo *J.C.W.*] se mete a definir la verdad sin referencia a la autoridad objetiva de la Palabra de Dios, se vuelve demónicamente solipsístico". *Biblical Revelation*, de Clark H. Pinnock (Chicago: Moody Press, 1971), p. 99.

28. Véase, por ejemplo, *The Creation of Life*, de A. E. Wilder Smith (Wheaton, IL: Harold Shaw Pub., 1970); y *Speculations and Experiments Related to Theories on the Origin of Life*, de Duane T. Gish (San Diego, CA: Institute for Creation Research, 1972). Véanse también las referencias enunciadas en la página 152, nota 35.

29. Por lo tanto, A. N. Triton (Reseña de *The Genesis Flood* en *The Christian Graduate*, 22:4 [1969], p. 28) desafió a sus lectores a que "vean la devastadora reseña por el cristiano sumamente ortodoxo reformado, profesor van de Fliert en el *International Reformed Bulletin*". Clarence Menninga del Calvin College ("His Word and His World", *The Banner* [nov. 27, 1970], p. 15) tenía la plena confianza de que "los argumentos del registro fósil que [Morris y Whitcomb] presentan han sido refutados por J. R. van de Fliert". Véase también "Charles Lyell and the Noachian Deluge", de James Moore, *JASA* 22:3 (sept. de 1970), p. 114; y *The Human Quest*, de Richard Bube (Waco, TX: Word, Inc., 1971), p. 189. Comentario de Roger J. Cuffey sobre el artículo

"Fundamentalism and the Fundamentals of Geology", de J. R. van de Fliert, *JASA* 21:3 (sept. de 1969), p. 71.

30. Roger J. Cuffey comenta sobre "Fundamentalism and the Fundamentals of Geology," by J. R. van de Fliert, JSAS 21:3 (sept. del 1969), p. 71.

31. Crítica de Roger J. Cuffey titulada "Critique of 'The Dying Giants'", por William A. Springstead, *JASA* 22:3 (sept. de 1970), p. 96. Cursivas agregadas.

32. Comentario de William F. Tanner sobre el artículo "Fundamentalism and the Fundamentals of Geology", de J. J. van de Fliert, *JASA* 21:3 (sept. de 1969), p. 73.

33. Tanner, p. 75.

34. "Fundamentalism and the Fundamentals of Geology", de J. R. van de Fliert, *JASA* 21:3 (sept. de 1969), p. 80.

35. van de Fliert, "Fundamentalism", p. 69.

36. van de Fliert, "Fundamentalism", p. 80.

37. Capítulo 4 en *New Perspectives on the Old Testament*, ed. por J. Barton Payne (Waco, TX: Word, Inc., 1970), p. 59.

38. *Studies in Genesis One*, de E. J. Young (Nutley, NJ: Presbyterian & Reformed Pub. Co., 1964), p. 105.

39. "The Literary Form of Genesis 1-11", de W. C. Kaiser, pp. 59-60.

40. Para documentación sobre la tendencia hacia la neo-ortodoxia en este ex bastión de la ortodoxia reformada en los Países Bajos, véase "Contending for the Faith in the Netherlands", de Geoffrey Thomas, *Torch and Trumpet* (oct. de 1968), pp. 19-23, con bibliografía; y "Synod Faces 'New Theology' of Amsterdam", de Renze O. DeGroot, *Torch and Trumpet* (mayo de 1971), pp. 18-19. Esta revista ahora se titula *The Outlook* (4855 Starr St., S.E., Grand Rapids, MI 49506).

41. Véase *Biblical Revelation*, de Clark H. Pinnock (Chicago: Moody Press, 1971), pp. 217-227. Carl F. H. Henry se lamenta de que "los teólogos dialécticos recientes [y sus discípulos, incluyendo un número de geólogos protestantes y católicorromanos] han despojado a los actos de redención bíblicos de su significado histórico objetivo y los han reubicado en cambio en algún reino vago de superhistoria, inaccesibles a la investigación histórica y conocidos sólo en una decisión de fe" (*God, Revelation and Authority* [Waco, TX: Word Books, 1979], 4:105).

42. "Geology in the Dark or in Bible Light?" [¿La geología en la oscuridad o a la luz de la Biblia?], de Merle Meeter, International Reformed Bulletin, 38 (julio de 1969), pág. 28.

43. "Geology", de Meeter, p. 29.

44. "Fundamentalism", de van de Fliert, p. 80.

45. Resumido de *Conjectures and Refutations* [Conjeturas y refutaciones], de Karl R. Popper (Londres: Routledge and Kegan, Paul, 1963) por Norman Macbeth, *Darwin Retried*, p. 99.

46. A pesar de que la fe cristiana no es creada por los datos empíricos, no obstante se caracteriza por los sucesos históricos que literalmente claman por una investigación objetiva (cp. Hechos 1:3; 26:26; 1 Corintios 15:5-8). El evolucionismo, por el contrario, y aun el uniformismo, no califican realmente como teorías científicas porque no existe una prueba válida que sus defensores pueden imaginarse mediante la cual uno pudiera probar que su punto de vista del mundo está equivocado. "Afortunadamente esto ahora se ha vuelto algo generalmente reconocido. Entre los científicos uno puede mencionar a von Bertalanffy (1952, p. 89); Birch y Ehrlich (1967); Murray Eden; Ernst Mayr; Alex Fraser y Marcel Schutzenberger (en la obra editada por Moorhead y Kaplan, 1967); y entre los filósofos a Sir Karl Popper (1963); A. R. Manser (1965) y A. D. Barker (1968)". "The Dogma of Evolution", de Arthur Jones, en *Faith and Thought*, tomo 98, números 2 y 3 (1970), p. 32.

47. "Fundamentalism", de van de Fliert, p. 80. Véase el desafío a esta declaración por R. E. D. Clark, "A Double Standard?" en *Faith and Thought* 98:1 (otoño de 1970), pp. 43ss.

48. "Fundamentalism", de van de Fliert, p. 80.

49. "Interpretation of Genesis", de Gerard Van Groningen (ex profesor en las siguientes instituciones: Reformed Theological College, Geelong, Victoria, Australia; Dordt College, Sioux Center, Iowa; Reformed Theological Seminary, Jackson, Misisipí; y presidente del Trinity Christian College, Palos Heights, Illinois), *JETS* 13:4 (otoño de 1970), p. 210. Harold Hartzler, Secretario Ejecutivo de la "American Scientific Affiliation", observó con sutileza: "A mí me parece que (J. R. van de Fliert) exhibe lo que encuentro en tantos escritores, que la ciencia es un dios y que la Biblia es un libro secundario". Carta al Redactor, *JASA* 22:1 (marzo de 1970), p. 30.

50. "Fundamentalism", de van de Fliert, p. 80

51. *Una introducción al Antiguo Testamento* (Grand Rapids: T.E.L.L., 1977), p. 39. Henry M. Morris provee una explicación con discernimiento: "El testigo cristiano con frecuencia se enfrenta con el problema de los alegados errores científicos de la Biblia, especialmente en los primeros once capítulos. Muchos cristianos han sido intimidados de tal forma por el supuesto peso de la opinión moderna que responden meramente con una protesta tímida de que 'la Biblia, después de todo, no es un texto de ciencia sino de religión; ella meramente nos cuenta el hecho de la creación divina, no el método ni la cronología; la Biblia es infalible en asuntos de religión y moral, pero no deberíamos esperar que nos hable precisamente sobre datos pertinentes de ciencia e historia'. Por supuesto, es evidente que la Biblia no es un texto científico en el sentido de dar descripciones técnicas detalladas y formulaciones matemáticas sobre los fenómenos naturales. Si sólo fuese esa clase de texto, pronto se volvería anticuada, como los otros textos de ciencia. Sin embargo, lo cierto es que la Biblia trata extensamente de una amplia variedad de sucesos en la historia, y muchas de sus revelaciones en asuntos

espirituales y morales están correlacionadas con sus revelaciones sobre asuntos científicos e históricos" (*The Biblical Basis for Modern Science* [La base bíblica para la ciencia moderna], [Grand Rapids: Baker Book House, 1984], p. 19).

52. Carta al Redactor, de Henry M. Morris, *JASA* 22:1 (marzo de 1970), pp. 36-37.

53. Cp. "Science Versus Scientism en Historical Geology" [Ciencia versus cientificismo en la geología histórica], de Henry M. Morris, *CRSQ* 2 (oct. de 1965); y "Sedimentation and the Fossil Record: A Study in Hydraulic Engineering" [La sedimentación y el registro fósil: Un estudio en ingeniería hidráulica], *CRSQ* 4:3 (dic. de 1967).

54. "A Calm Appraisal of *The Genesis Flood*" [Una evaluación calmada de *El Diluvio del Génesis*], de Charles C. Clough (tesis para Th.M. inédita, Dallas Theological Seminary, 1968). Este estudio se resume en el *CRSQ* 6:2 (sept. de 1969), pp. 81-84.

55. "Fundamentalism", de van de Fliert, p. 80.

56. Carta al Redactor, de Henry M. Morris, *JASA* 22:1 (marzo de 1970), pp. 36-37.

57. Job 12:8.

58. Este es el título de una apologética famosa a favor de la resurrección de Cristo por Frank Morison (Miami: Editorial Caribe).

59. La piedra no fue removida para permitir que Jesús saliera de la tumba (cp. Juan 20:19, 26), sino más bien para permitir que los discípulos entraran (cp. Juan 20:1-13).

60. "The Fundamentals of Fundamentalism and Geology" [Los fundamentos del fundamentalismo y la geología], de William White, Jr., *International Reformed Bulletin*, Nº 38 (julio de 1969), p. 30. (Cursivas agregadas.)

61. "Bible, Man and Science: A Reply" [La Biblia, el hombre y la ciencia: Una respuesta], de J. R. van de Fliert, *International Reformed Bulletin*, Nº 38 (julio de 1969), p. 37.

62. Josué 10:11

63. "Geological Science and Biblical Data" [La ciencia geológica y los datos bíblicos], de Ring Star, *The Banner* (sept. 25 de 1970), p. 4. (Cursivas agregadas.) Estos sucesos se describen en Números 20:10-11 y 16:28-34.

64. Véase Génesis 19:24-29; Isaías 1:9, 13:19; Jeremías 20:16, 49:18; Amós 4:11; Sofonías 2:9; Lucas 17:29, 32; 2 Pedro 2:6; Judas 7.

65. "Sodom and Gomorrah", de J. Penrose Harland, en *The Biblical Archaeologist Reader*, ed. por G. Ernest Wright y David Noel Freedman (Nueva York: Anchor Books, Doubleday & Co., 1961), p. 59.

66. "Sodom and Gomorrah", de Harland, p. 47.

67. "Fundamentalism", de van de Fliert, pp. 69, 80.

68. Comentario de Roger J. Cuffey sobre "Fundamentalism", de van de Fliert, en *JASA* 21:3 (sept. de 1969), p. 71.

69. Editorial de Walter R. Hearn para "Book Reviews", *JASA* 16:1 (marzo de 1964), p. 28.

70. Reseña de Frank H. Roberts de *El Diluvio del Génesis*, en *JASA* 16:1 (marzo de 1964), p. 28.

71. Reseña de Wayne U. Ault de *El Diluvio del Génesis*, en *JASA* 16:1 (marzo de 1964), p. 31.

72. "The ASA Periodical: The First One and One-Half Decades", de Delbert N. Eggenberger", *JASA* 15:1 15:1 (marzo de 1963), p. 4. (Cursivas agregadas.)

73. Reseña de Marlin Kreider para "Book Reviews", *JASA* 17:1 (marzo de 1965), p. 30.

74. "The President Speaks", de Richard H. Bube, *JASA* 20:1 (marzo de 1968), p. 2. En su carta presidencial a todos los miembros de la A.S.A., noviembre-diciembre de 1968, Bube citó un escritor anónimo: "Mi observación directa del rápido avance de la doctrina de una 'tierra joven' me ha convencido de que este es hoy un problema alarmante entre los cristianos evangélicos. En muchos casos los que abogan por esta doctrina son excelentes caballeros cristianos a quienes respeto, pero me asusta el hecho de que están convirtiendo a muchos a su forma de pensar mucho más rápido todavía". Bube apeló a la A.S.A. para que aportara argumentos útiles porque hasta el presente "no estamos contribuyendo mucho". Bube respondió con la esperanza de que en el futuro pudiera proveerse un "análisis concienzudo de los datos científicos".

75. "Adam and Anthropology", de Paul H. Seely, *JASA*, marzo de 1971, p. 26.

76. "Tone Down the Rhetoric", de John M. Batteau, *JASA* 24:2 (junio de 1972), p. 75.

77. Carta al Redactor, de R. Laird Harris, *JASA* 16:4 (diciembre de 1964), p. 127.

78. Contestación de Klaas Runia y Gerard Van Groningen a "Thinking Cap—Or Night Cap?" de Peter G. Berkhout, en *The Banner*, marzo 5 de 1965, p. 24. Véase también "Genesis: Its Formation and Interpretation", de Gerard Van Groningen, en *Interpreting God's Word Today*, ed. por Simon Kistemaker (Grand Rapids: Baker Book House, 1970), pp. 30-34.

79. Por ejemplo, "The Bible of Nature", de Peter G. Berkhout, *JASA* 19:4 (diciembre de 1967), p. 112. Charles E. Hummel sabiamente ha comentado: "A Galileo se lo describe como a un valeroso mártir que sufre la persecución del dogmatismo religioso. Pero esta versión, que goza de amplia popularidad, en realidad es un mito racionalista que brotó en el siglo pasado. La investigación histórica demuestra que el conflicto de Galileo no era con la revelación bíblica sino con la filosofía natural de Aristóteles, que era defendida por el escolasticismo" ("The Scientific Revolution of the 16th and 17th Centuries", *JASA* 20:4 [dic. de 1968], p. 101). Para un excelente análisis de lo que realmente le sucedió a Galileo, véase, *Galileo, Science and the Church*, de Jerome J. Langford (ed. rev.; Ann Arbor: The University of Michigan Press,

1971), p. 1-158. Véase también *In the Minds of Men,* de Ian T. Taylor (Toronto M4Y 2T1: TFE Publishing. P. O. Box 5015, Stan F, 1984), pp. 22-25.

80. Adaptado de la crítica de Harold Lindsell de las instituciones científicas modernas en su resistencia al creacionismo que se tolera en las escuelas públicas. Editorial de *Christianity Today,* enero 5 de 1973, p. 354.

81. A la época de esta división, la A.S.A. contaba con menos de mil miembros. Después, un evolucionista teísta en la A.S.A. comentó algo confiadamente, que: "[La gente de la Creation Research Society] son cristianos bien intencionados; pero para mí ellos aparecen como un remanente de una raza transitoria" (Peter G. Berkhout, "The Bible of Nature", *JASA* 19:4 [diciembre de 1967], p. 112).

82. "'The Genesis Flood' in Perspective", de D. A. Carson (*Biblical Creation* 2:5 [febrero de 1980], p. 13). Esta revista ahora se titula: *Origins: Journal of the Biblical Creation Society* (P. O. Box 22, Rugby, Warwicks CV22 7SY, Inglaterra).

Indice de nombres propios y temas

Aalders, G. C., 116, 155
Ackerman, Paul D., 95
Ager, Derek, 40, 151
aguas de arriba, descarga de las, 33-35
aguas en movimiento, poder destructor de las, 65-66
aguas oceánicas, elevación de las, 19, 33
Allen, Benjamin F., 160
American Scientific Affiliation, 127, 130, 132-33, 156
Anderson, Bernhard W., 156
Andrews, E. H., 95
animales en el arca, 24-33; control sobrenatural de las funciones fisiológicas, 26, 30, 32-33; hibernación de los, 32-33
Aral, Mar de, 49
Ararat, Monte de, 25, 42, 46, 50, 52, 152
árboles petrificados, 159
arca, animales en el, 24; descubrimiento de los restos del, 50-51, 52; el diseño del, 19-24; la necesidad de un, 47-49, 51, 52
Archer, Gleason L., Jr., 61, 155
Arco iris, pacto del, 33, 36, 39, 53, 54
Aristóteles, 157
Arndts, Russell T., 95
Artico, Islas del, 49
Ault, Wayne U., 127, 163, 168
Austin, Steven A., 95, 100, 106, 150, 159
Australia, migración a, 25

Baarda, T., 114
Bales, James D., 159
Barclay, William, 156
Barker, A. D., 166
Barker, David G., 150
Barker, Kenneth, 155
Barnes, Thomas G., 95, 154
Barth, Karl, 109, 155
Bascom, Willard, 158
Batteau, John M., 168
Bennett, Isla de, 74
Beresovka, mamut, 73, 76, 77
Bering, Vitus, 74
Berkhout, Peter G., 168, 169
Bernstein, Joseph, 158
Beth-horón, grandes piedras en, 124
bioquímica, 105
Bird, Roland T., 160
Bliss, Richard B., 95
Boardman, Donald C., 109, 149
Bowden, Malcolm, 95, 154
brontosaurio, 160
Brown, Colin, 157
Brown, Robert H., 106
Brown, Walter T., Jr., 95
Bruce, F. F., 156
Brunel, Isambard K., 20
Brunner, Emil, 109
Bube, Richard H., 127, 164, 168
Bultmann, Rudolph, 109, 114
Burdick, Clifford L., 71, 72, 95, 159, 161
Buswell, J. Oliver, Jr., 70, 158

cadenas de montañas, 39; cubiertas por el diluvio, 45-46, 48-49, 54, 64, 67, 151-152, 155-156; formación de, 19, 39-41, 44; levantamiento de, 63, 91, 149
Canberra (transatlántico), 20
Cansdale, George S., 24, 30, 32, 148, 149
capas de hielo continentales, 82-83
carbón, 144; formación del, 78-80, 81, 138
Carlsbad, cavernas de, 131
Carson, D. A., 133, 169
Caspio, Mar, 49
cataratas de los cielos, 33-34
catástrofe, global. *Véase* teoría del diluvio universal; que cubrió las montañas, 17-18
catastrofismo bíblico. *Véase* teoría del diluvio universal y del Monte St. Helens, 100; naturalístico, 40; versus uniformismo 98-103
catastrofismo naturalista, 40
Chaffin, Eugene F., 153
Chapman, Clark R., 151, 158

Chittick, Donald E., 95, 160
cielos, de hace mucho, 57; actuales, 57
ciencia geológica, 126, 130, 163
cientificismo naturalista, 95
Clark, Champ, 150, 157
Clark, Harold W., 159
Clark, R. E. D., 166
Clark, Robert T., 159
Clementson, Sidney P., 88
Clough, Charles A., 154, 167
Coffin, Harold G., 100, 159
Colorado, río, 68, 71
Columbia, meseta de, 82
concepto neo-catastrofista, 71
continental, deriva, 41
continentes, formación de los, 19; levantamiento de los, 63; origen de los, 41; surgimiento de los, 35-39
Cook, Melvin A., 91, 95, 120
Corliss, William, 41, 151
Cráter, Lago, 84
cráteres, 135
creación reciente, teoría de la, 95
creacionista/catastrofista, movimiento, 34
Creation Research Society, 62, 132, 157
Cretáceo, esquisto, 83
cronología uniformista, 86
cuencas oceánicas, 38, 54, 68; formación de, 35-39, 63
Cuffey, Roger J., 108-09, 126, 134, 163, 164, 165
Custance, Arthur C., 24, 32, 46, 148, 149, 150, 151

Darwin, Charles, 73, 77, 95, 105, 160, 161, 162, 166
Darwiniana, estructura neo-, 94-95, 105
Davidheiser, Bolton, 95, 162, 163
Davis, John J., 15, 162
de Grazia, Alfred, 161
DeGroot, Renze O., 165
Delitzsch, Franz, 61
Denton, Michael, 94, 162
deposición, de corto plazo, 68
DeYoung, Donald F., 95, 150
dialéctica kantiana, 123
Diamond, Jared, 148
Dillow, Joseph C., 34-35, 73, 77, 78, 95, 150
Diluvio, conceptos del, 18; duración del, 46-47; efectos estratigráficos del 66-72; extensión geográfica, 17, 18, 23, 26, 33, 53; y los procesos naturales, 63-65; profundidad del, 45-46; teoría del diluvio local, 18, 31, 47-49, 57, 62, 64, 109, 118, 135, 152, 154, 163-64; teoría del diluvio tranquilo, 51, 64, 66, 157; teoría del diluvio universal, 11, 17-18, 23, 30, 31, 38, 39, 41, 44, 45-62, 63, 64-65, 66, 71, 72, 86, 87, 94, 98-103, 108-109, 118, 119, 130, 135, 138, 147, 149, 150, 152, 154, 162, 163
dinosaurio, pájaro, 28
dinosaurios, 28; reptiloides, 28, 78, 83
Dismal, Pantano, de Virginia, 78
Dragones, lagartos, 28
Drake, Charles L., 151
Dunbar, Carl O., 159
Durkee, Jack, 158

Eardley, A. J., 82, 160
edad de hielo, 82
Eden, Murray, 166
Eggenberger, Delbert N., 127, 168
Ehrlich, 166
El Diluvio del Génesis, 13, 15
elevación, 71; de cadenas de montañas, 63, 91, 150; de continentes, 63; de las aguas oceánicas, 19, 33; de peniplanicies, 68
Elliott, Ralph H., 62, 156
Engel, Leonard, 54
Erickson, Millard J., 148, 158
Escrituras, infalibilidad de las, 52, 59-61, 66, 91, 119
"especies creadas, " 94
esquisto precámbrico Hakatai, esporas de polen en, 68
estalactitas, 110
estalagmitas, 110, 131, 135
estratos, 135
evaporitos, 135
Everest, Monte, 42, 46, 152
evolución, macro-, 94; micro-, 94; neodarwiniana, 94, 95; teísta, 94; teoría de la, 86-87, 93, 95, 105, 116, 117, 135, 157, 160-162
evolucionismo, 166; cósmico, 91; teísta, 96
Ezequías, reloj de sol de, 162

"falla inversa", hipótesis de la, 83
fallas acostadas, formación de, 161
fechado radiocarbónico, 52
Fenneman, N. M., 160
fenómenos geológicos, 80-86, 132
Filby, Frederick A., 20, 26, 27, 32, 49, 60, 148, 152, 153, 154
Fleuten (barcazas), 22
fósiles, 11-12, 52, 86, 95, 124, 135, 154, 159, 164; cementerios de, 118; fósiles humanos, 52; lechos de, 72-86
fósilización, 72-86
Fox, Cyril S., 67
Frair, Wayne, 95
Fraser, Alex, 166
Freedman, David Noel, 167
"fuentes del abismo", 33, 35, 54
fuerzas hidrodinámicas, 22

Galileo, 132, 168
Gaskill, Gordon, 157
genética, 105
Gentry, Robert V., 95
geología del diluvio, 11, 127
geología, filosofía bíblica de la, 133; del diluvio, 13, 127; uniformista, 49, 64, 123, 124; *véase* fenóminos geológicos
geología histórica, filosofía de la, 119, 122
geólogos, históricos, 86-87; lyellianos, 41; neo-catastrofístas, 41;

seculares, 42; ¿son superiores a las Escrituras? 103-105; uniformistas, 102
geosinclinales, 82
Gish, Duane T., 81, 95, 120, 154, 164
Glaciar, Parque Nacional del, 161
glaciares, 82-83, 135
Glarus, falla acostada de, 161
Glueck, Nelson, 159
Gomorra, 125, 126, 167
Gran Cañón, El, 68, 71, 132, 138
Great Britain (transatlántico), 20
Great Eastern (transatlántico), 20
Green, James A., 88
Grosheide, F. W., 155
Gsell, Ray, 110

Hagberg, Stephen C., 159
Ham, Ken, 95
Harland, J. Penrose, 125, 167
Harris, R. Laird, 48, 150, 152, 168
Harris, Robert, 131
Hartzler, Harold, 166
Hasel, Gerhard F., 148, 156
Hearn, Walter R., 127, 167
Heart, Falla del Monte, 83
Heidel, Alexander, 147
Henry, Carl F. H., 157, 165
hibernación de los animales en el arca, 32
hidráulica, 64
hidrodinámica, 87; ley de la, 64, 71, 86, 126
hidrodinámica fuerza, 22
hidrodinámica selectiva, ley de la, 70
hidromática, 51, 52
Hill, George R., 81
Himalaya (transatlántico), 20
Holmes, A., 129
Hooykaas, R., 151, 158
Howe, George F., 68, 95, 161
Hubbert, M. K., 86, 161
Hummel, Charles E., 168
Humphreys, D. Russell, 95

Ibach, Robert D., Jr., 15
intérpretes uniformistas, 18, 66, 73
inundación, Cherburgo, Francia, 65; Colorado, Río, 67; Conemaugh, lago, 65; *véase* diluvio; Ganges-Bramaputra, delta del río, 65; Johnstown, Pensilvania, 65, 157; Montañas San Gabriel, 65; Ohio y Misisipí, ríos, 65; Ranrahirca, Perú, 65; Yungay, Perú, 65
inundación global; *véase* teoría del diluvio universal
invernadero, efecto de, 34

Jamieson, Robert, 30
Jansen, Peter, 22
Jones, Arthur, 166
Josué, el "día largo de", 163
Journal of the American Scientific Affiliation, 112, 127, 130

Kaiser, Walter C., Jr., 113, 150, 165
Kelvin (William Thomson), Lord, 95
Kerkut, G. A., 161
Kidner, Derek, 57, 149, 155
Kistemaker, Simon, 168
Klotz, John W., 95, 162
Kofahl, Robert E., 95
Komodo, Isla, Indonesia, 28
Koole, J. L., 114
Krakatoa Isla, 84-85
Kreider, Marlin, 168
Kuitert, H. M., 114
Kuschke, Arthur W., Jr., 46, 151

Lammerts, Walter E., 95, 136, 158, 160, 161
Langford, Jerome J., 168
LaSor, William Sanford, 163
Lekberg, Charles, 157
Lester, Lane P., 95
Leupold, H. C., 61, 150
levantamientos geológicos, 38
Lever, Jan, 132
Lewis, falla acostada de, 83, 87, 161
Lincoln, Monumento a, 106
Lindsell, Harold, 169
Lubenow, Marvin L., 95
Lyell, Charles, 40, 66, 73, 151, 158, 164

Macbeth, Norman, 159, 161, 162, 165
MacIver, Ian, 161
Madagascar, Isla, 28
maldición edénica, 28
mamutes, 159; congelación de, 91; congelados, 74
Marinatos, Spyridon, 84
Marsh, Frank L., 95
Martin, C. P., 86, 161
Matthews, Samuel W., 136
Maxwell, J. C., 41
Mayr, Ernst, 166
Mazama, Monte, 84
McCullough, David G., 157
McGowen, C., 151
McQueen, David R., 120
Meeter, Merle, 114, 165
Mehlert, A. W., 41, 68, 95, 151
Menninga, Clarence, 164
Meyerhoff, A. A., 41
Meyerhoff, H. A., 41
Miller, Russell, 151
Milne, Lorus J., 88
milagros, economía de, 64; geológicos en el desierto 125
Mitchell, T. C., 152
Moisés, golpea la roca, 125
Montgomery, John Warwick, 50, 51, 52, 153
Moore, James, 164
Moore, John N., 95, 159
Moore, Raymond C., 106
Morison, Frank, 167
Morris, Henry M., 11, 13, 15, 22, 50, 51, 67, 70, 74, 78, 82, 86, 95, 103, 108, 117, 133, 136, 147, 148, 149, 151, 153, 154, 157, 158, 159, 160, 161, 162, 163, 164, 166, 167
Muerto, Mar, 125, 126
Mulfinger, George L., 95, 110

Newman, Robert C., 150

Oard, Michael J., 160

O'Connell, Patrick, 154
Olson, Walter S., 80, 160
orogenia, 118; enfoque lyelliano de la, 39
Oppenheim, V., 41
Overn, William M., 95

Pablo, el apóstol, 123, 138
paleontología, 52, 105
Paricutín, volcán, 88
Parker, Gary E., 68, 153, 154, 158
Patten, Donald W., 27, 74, 150, 163
Payne, J. Barton, 61, 150, 154, 165
Pedro, el apóstol, 13, 22, 35, 56, 57, 62, 87, 92, 102, 155
peniplanicies, 80; formación de, 118; levantamiento de, 68
piedra en la puerta de la tumba de Cristo, 122-124, 167
Pinnock, Clark H., 164, 165
Pitman, Michael, 94, 162
polen, granos de, 138
Popper, Karl R., 114, 165
predecesores lyellianos, 40
Price, G. M., 158
Pritchard, James B., 147
punto de vista uniformista, del diluvio, 52; del congelamiento de mamutes 77; de historia, 51, 62; metodológico, 103, 162

Queen Elizabeth (transatlántico), 20

Ramm, Bernard, 18-19, 30, 32, 61-62, 147, 149, 150, 155, 156, 157, 158
Ramsley, Alvin O., 149
raza humana, destrucción total de la, 53-56
relato babilónico del diluvio, 20, 22
Ridenour, Fritz, 158
Roberts, Frank H., 83, 127, 161, 163, 168
rocas precámbricas, 86
Roth, Ariel A., 95, 128, 154
Rubey, W. W., 86, 161
Runia, Klaas, 155, 168
Rupke, N. A., 160
Rusch, Wilbert H., Sr., 95, 136
San Fernando, terremoto de, 161
Sanderson, Ivan T., 73, 159
Schaeffer, Francis A., 152
Schutzenberger, Marcel, 166
Segunda Venida de Cristo, 20, 56, 105
Seely, Paul H., 130, 150, 168
Shea, James H., 40, 151
Shea, William H., 147
simios, como antecesores humanos, 162, 164
Slusher, Harold S., 95, 159, 161
Smith, Charles R., 15
Smith, E. Norbert, 159
Sodoma, 47, 125, 126, 167
Speiser, E. A., 147
Spirit Lake, 100
Springstead, William A., 161, 165
St. Helens, Monte, 100-101; y el catastrofismo bíblico, 100-101
Star, Ring, 167
Steidl, Paul M., 95
Stokes, William L., 83, 160
Sunderland, Luther D., 159
Surtsey, Isla, 136
Sutherland, Luther D., 95

Tanner, William F., 108, 165
Taylor, Ian T., 95, 168
tectónica de platos, 41
teólogo uniformista, 102
teólogos y científicos 126-132
teoría de la turbera, 78
teoría del diluvio limitado. *Véase* teoría del diluvio local
teoría del diluvio local, 18, 32, 47, 48, 49, 51, 57, 58, 59, 60, 61-62, 64, 109, 118, 135, 152, 154, 163-165
teoría del diluvio tranquilo, 51, 64, 66, 157
teoría del diluvio universal, 13, 18-19, 23, 30, 31, 36, 39, 41, 44, 45-62, 63, 64-65, 66, 71, 72, 83, 86, 94, 98-103, 108, 109, 118, 119, 126, 135, 138, 147, 149, 152, 155, 162, 163
términos universales, problema de los, 58-62
termodinámica, segunda ley de la, 91
terrenos volcánicos, regionales, 118
Thera, Isla de, 84
Thomas, Geoffrey, 165
Thomson, William. *Ver* Kelvin (William Thomson), Lord
Thorarinsson, Sigurdur, 136
Thornbury, Wm. D., 82, 160
tierra, corteza de la, 66, 82-83, 86
Tinkle, William J., 95
Toll, Barón, 74, 76
Tomás de Aquino, 157
Triton, A. N., 164
troncos pertificados, 106
tsunamis, 158

uniformidad, principio de la, 82, 163
uniformismo, 39, 40, 56, 68, 82, 87, 91, 96, 98-103, 108, 118, 119, 120, 131, 133, 135, 138, 150, 151, 152, 156, 157, 161, 166; evolucionista, 117, 122; fase limitada del, 99; total, 13, 56, 57, 71
Uri, Meir Ben, 152

Vaccaro, Michael A., 148
van de Fliert, J. F., 83, 108, 109, 112, 113, 115, 116, 117, 118, 119, 122, 123, 126, 130, 132, 133, 164, 165, 166, 167
Van Groningen, Gerard, 166, 168
Van, Mar de, 49
vapor, cubierta de, 33-34; antediluviana, 73
Vardiman, Larry, 95
varvas, 135
Velikovsky, Immanuel, 149, 161-62
"ventanas de los cielos", 35
volcanes, activos, 82; extintos, 82; en Rusia, 88
von Bertalanffy, 166

Walsh, Robert E., 159
Walvoord, John F., 152

Watson, David C. C., 95, 153
Wesson, P. S., 41
Whitcomb, John C., 12, 44, 50, 51, 67, 109, 116, 119, 130, 133, 147, 149, 151, 153, 154, 157, 158, 159, 161, 162, 163, 164
Whitcomb, Norma, 15
White, Andrew D., 27, 148
White, William, Jr., 167
Whitelaw, Robert L., 95
Wiggert, James M., 70, 159
Wilder-Smith, A. E., 95, 164
Wilkinson, Loren, 156
Williams, Emmitt L., 95, 154
Wilson, Clifford, 95
Wolfe, Jack A., 76
Woodmorappe, John, 95, 159
Wright, G. Ernest, 167
Wysong, R. L., 95

yacimientos petrolíferos, 120
Yamauchi, Edwin, 162
Young, Davis A., 98, 99, 102, 162, 163, 164
Young, Edward J., 113, 117, 165
Youngblood, Ronald, 30-32, 49, 149, 150, 151, 152, 155, 156, 163

Zimmerman, Paul A., 95
zonificación ecológica, 86
Zuck, Roy B., 152

Indice de textos bíblicos

Génesis

Libro de 18, 23, 24, 26, 31, 32, 48, 59, 66, 104, 115, 116, 133, 162
1 . . . . 26, 39, 60, 163
1–11 . . . . 59, 92, 109, 113, 119, 150, 155
1:6-8 151
1:7 . . . . 33, 38
1:9-10 38
1:28 . . . . 60, 133
2:5-6 34
4:23-24 113
5 52
6–9 . . . 52, 59, 60, 61, 62, 74, 155, 156
6:5-7 53
6:7 26
6:8-9 53
6:11, 13 53
6:12-13 . . . . . 26, 148
6:13 . . . . 52, 65
6:14 . . . . 23, 32
6:17 . . . . 26, 48
6:17-18 53
6:19 30
6:19-21 26
6:20 . . . . 29, 30
6:21 . . . . 23, 32
7 61
7–9 153
7:1 53
7:2-4 26
7:8 26
7:9 . . . . 25, 30
7:11 . . 33, 46, 54, 73, 85
7:11-12 33
7:14-16 26
7:16 30
7:19 . . . 40, 58, 60, 61
7:19-20 . . . 42, 45, 49
7:20 . . . . . . 33, 45, 54
7:22 58
7:22-23 49
7:23 85
8:1 . . . . 26, 31, 34
8:2 38
8:2-3 37
8:3 39
8:3-4 46
8:4 49
8:4-5 46
8:6-12 157
8:17 32
8:17-19 26
8:21 36
8:21–22 . . . . . . 18, 33
8:21–9:17 18
8:22 . . . . 44, 99
9 . . . . 38, 53
9:8-17 . . . . 26, 33
9:15 36
10 113
11 52
12–50 . . . . . . 59, 113
19:24-29 167
19:29 31
41:57 59

Exodo

2:24 31
20:4 155
20:11 94

Números

16:28–34 167
20:10-11 167

Deuteronomio

2:5 60
4:18 155
11:25 60

Josué

4:18 64
10:11 . . . . . . 124, 167
10:12-14 163
10:18 124

Jueces

16:28 149

1 Samuel

1:11 149

2 Reyes

7:2 150
17:25 72

Job

12:8 167
38:8-11 . . . . . . 36, 38
38:9 38
38:11 . . . . 39, 40
38:39 72
40:15-19 28

Salmos

29:1-3 54
29:10 . . . . . 36, 48, 54
33 38
33:7 . . . . 38, 39
36:9 139
104:1-9 150
104:6 . . . . 38, 54
104:6-9 . . . . . . 38, 39, 149, 150
104:7-8 42
104:8 . . . . . 38, 39, 42
104:8-9 39
104:9 . . . . 36, 39
115:16 96
119:18 104

Proverbios

8 38
8:22-31 38-39
22:13 72

Eclesiastés

1:6 99

Isaías

1:9 167
13:19 167
24:18 150
40:12 33
45:18 96
54:9 . . . 33, 36, 38, 39

Jeremías

2:2 31
5 38
5:22 . . . . . . 36, 38, 39
20:16 167
31:20 31
33:20, 25 99
49:18 167

Amós
1:1 99
4:11 167

Sofonías
2:9 167

Zacarías
14:5 99

Malaquías
3:10 150

Mateo
5:18 93
16:2, 3 99
19:4 . . . . .66, 92
21:16 92
21:27 153
22:29 . . . .18, 93, 104
24:37-39 147
24:37-42 . . . . .17, 18
24:39 . . . . .53, 66
27:57-66 122
28:2 122
28:18-20 58

Marcos
7:7-8 44
10:15 138
12:10 93
16:4 122

Lucas
1:54-55 31
16:31 . . . . .50, 93
17:26-30 . . . . .53, 66
17:26-27 . . . .17, 147
17:29, 32 . . . .66, 167
23:43 149
24:25 . . . . . . .93, 104

Juan
5:46-47 93
8:31 124
12:48 93
20:1-13 167
20:19, 26 167

Hechos
1:3 166
2:5 155
14:17 11
17:11 104
18:24, 25 12
26:26 166

Romanos
1:4 116
5:12 28
8:20-22 28
10:9 . . . . .18, 123
10:9-10 116
14:10, 12 92

1 Corintios
1:20 138
2:12-16 104
3:10-15 92
14:33 31
15:1-10 18
15:2-4 123
15:5-8 166
15:12-14 116

2 Corintios
4:2 93
5:10 92

Gálatas
3:3 31

Filipenses
Libro de 161
1:6 31

Colosenses
1:23 155

Tesalonicenses
Libros de 161

2 Timoteo
Libros de 161
2:15 . . . . . . .104, 115

Tito
Libro de 161

Filemón
Libro de 161

Hebreos
11:7 . .17, 30, 33, 147

1 Pedro
3:20 . .22, 30, 53, 147

2 Pedro
2:4-5 17
2:5 . . . . . .30, 53, 147
2:6 167
3 . . . . .58, 98
3:3-7 56
3:4 13
3:5 . . . . . .20, 87, 150
3:5-7 . . . .18, 58, 147
3:5-6, 7 17
3:6 13, 33, 35, 52, 155
3:7 . . . . .37, 99
3:10 57
3:15-16 92

1 Juan
2:27 104

2 y 3 Juan
Libros de 161

Judas
7 167

Apocalipsis
2:1 38
21:1 . . . . .38, 44
22:18-19 92

35405105R00100

Made in the USA
San Bernardino, CA
23 June 2016